모든 사람에게는 작곡할 자격과 재능이 있다!

작곡, 나도 도전해 볼까?

우에다 타츠지 저 | 임세라 역

samhoETM

작곡가는 모두 "대박 나기 위해" 곡을 쓴다.

이 책에서는 이 가설을 바탕으로 모든 분에게 도움이 되는(도움이 될 거라고 제가 믿는) '작곡'의 구조에 대해 저의 경험과 견해를 바탕으로 설명하도록 하겠습니다.

사람이 무엇인가를 만들 때, 사람이 사람을 감동 시키려고 할 때 그 안에는 반드시 그 사람만의 기술과 마음가짐이 존재하며, 이에 대한 의도나 생각을 각각 살펴볼 수 있습니다.

이 책은 작곡할 때의 '의도'와 그 의도를 어떻게 표현할 것인가에 대한 '방법론', 이 두 가지에 대한 것인데 반드시 지금까지 경험한 적 없는 깨달음과 도움을 얻을 수 있게 될 것입니다. 그리고 기타나 피아노와 같은 악기의 종류와 상관없이 작곡하는 방법에 대해서도 최대한 자세히 다룰 것이기 때문에 모든 악기를 연주하는 분들에게 도움이 될 것입니다.

그리고 이 책의 내용 중에서 특히 기억해 두면 좋은 점을 "작곡 포인트", 저의 작곡에 대한 생각을 "대박 나는 작곡법"이라는 칼럼으로 각각 정리해 두었으니 부디 여러분의 창작활동에 도움이 되면 좋겠습니다.

그럼, 누구나 행복해지는 "대박 나는 작곡"의 꿈을 향한 여행을 떠나봅시다!

목차

제 1 장

작곡을 시작하기 전에

<h2>1-1 모든 사람에게는 작곡할 자격과 재능이 있다</h2>

여러분은 '작곡하고 싶다.', '어떻게 하면 작곡 할 수 있지?'라는 마음으로 이 책을 펼치셨을 것입니다. 만약에 이미 '작곡을 어떻게 하는 것인지'를 알고 있는 분이 이 책을 읽고 계신다면 아마 '지금보다 더 좋은 곡을 만들려면 어떻게 해야 할지' 고민 중이거나 '내 작곡 방법이 옳은 것일까?' 등과 같이 지금까지의 작곡법에 대한 의문을 품고 새로운 답을 찾는 중일 수도 있습니다.

초보자든 프로든 우리는 작곡하면서 항상 고민하고 생각합니다. '이렇게 해도 되는 걸까?', '좀 더 다른 방법은 없을까?' 그리고 누구나 분명 한 번쯤은 자신에게 이렇게 물을 것입니다.

애초에 나에게는
작곡할 자격이나 재능이 있는 걸까?

그런 여러분의 질문에 대한 저의 대답이 바로 제1장의 제목입니다.

모든 사람에게는
작곡할 자격과 재능이 있다

그 이유는 무엇일까요? 대답은 간단합니다. 작곡은 우리에게 "삶" 그 자체이기 때문입니다.

작곡은 "삶" 그 자체이다

'살고 싶은' 사람은 '어떻게 하면 살 수 있을지' 생각합니다. '어떻게 하면 살 수 있을지'를 아는 사람은 '지금보다 더 잘 살기 위해서는 어떻게 해야 할지' 고민합니다.

'나는 잘 살고 있는 걸까?'라고 지금까지의 삶에 의문을 품고 새로운 답을 찾아 헤매는 것, 이와 같은 생각에 대한 해답은 자격이나 재능과 상관없이 일단 살아보지 않으면 그 답을 찾을 수 없습니다.

그리고 끝까지 살아보지 않으면 한 사람의 인생에 대해 평가할 수 없는 것처럼 곡도 일단 끝까지 써보지 않으면 어떻게 완성될지 알 수 없습니다.

모든 사람은 살 자격과 재능을 가지고 있다

여러분에게 삶에 대한 의욕이 없다면 애초에 작곡하는 것 자체가 불가능해집니다. 그러니 의욕적으로 하루하루를 살아갑시다. 매일 반짝이는 여러분이 되셨으면 좋겠습니다.

작곡은 우리가 하루하루를 활기차게 살기 위한 수단 중 하나입니다. 인생을 더 잘 살기 위해 함께 더 나은 작곡이라는 목표를 향해 나아갑시다!

작곡하고 싶은 여러분! 더 좋은 곡을 만들고 싶은 여러분! 그런 여러분들께 질문합니다. 여러분은 작곡을 왜 하고 싶습니까?

작곡은 우리가 하루하루를 활기차게 살기 위한 수단 중 하나이기 때문에 왜 작곡을 하느냐는 스스로를 향한 질문은 곧 '나는 왜 사는가?'라는 삶 자체에 대한 질문이기도 합니다.

만약 여러분이 작곡으로 돈을 벌고 싶다면 돈을 벌기 위해 작곡을 하고, 만든 곡을 자랑하고 싶다면 자신의 곡을 누군가에게 자랑하기 위해 작곡을 하게 됩니다. 즐기고 싶은 사람은 즐기기 위해, 감동을 주고 싶은 사람은 감동을 주기 위해….

하루하루를 어떻게 보내야 할지, 어떻게 곡을 써야 할지, 결국 누구나 생각하고 고민하면서 살아야 합니다.

하지만 무엇을 위해서 살지를 정하면 어떻게 살아야 할지 깨닫는 것처럼 일단 무엇을 위해서 곡을 쓰고 싶은지를 분명히 하면 어떤 곡을 어떻게 써야 하는지 깨닫게 될 것입니다.

이 책에서는 우리가 왜 작곡하는지 그 목적을 다음 페이지와 같이 정의하고 이것을 기반으로 설명하겠습니다.

작곡은 "행복해지기" 위해서 하는 것이다

우리는 행복해지기 위해 살고 있고 이를 위한 수단의 하나로 작곡을 합니다. 각 사람에게 각자의 행복이 있듯이 우리는 각자 다른 곡을 만듭니다. 그리고 사람이 혼자서는 살 수 없는 것과 마찬가지로 작곡 역시 혼자의 힘으로는 할 수 없습니다.

여러분이 이 책을 읽을 수 있는 것은 지금까지 배운 읽고 쓰기의 지식과 경험의 결과인데 여러분이 앞으로 작곡할 곡들 또한 이와 마찬가지로 누군가에게 좋은 지식이나 경험이 될 것입니다.

여러분은 자신의 곡을 그저 혼자 소중히 간직하기 위해서 만들고 싶은 것은 아닐 것입니다.

곡은 누군가의 마음에 전달되어야 비로소 의미가 있다

이 책의 내용이 여러분에게는 단순한 '지식'일지도 모르지만 저에게는 지금까지 실제로 겪어온 소중한 음악적인 "경험"들입니다.

이 책에서 배우게 될 음악적인 지식을 먼저 여러분 자신의 경험으로 받아들여 봅시다. 행복을 머리로만 상상하고 몸과 마음으로 느끼지 않으면 의미가 없는 것처럼 작곡에 대해서도 여러분의 온몸으로 받아들여야 합니다!

지금까지 여러분이 누군가의 곡을 들으며 행복을 느끼고 그것을 필요로 했다면 여러분이 만드는 곡들도 분명 누군가를 행복하게 할 수 있을 것입니다.

1-3 작곡에 필요한 도구를 갖추자

작곡할 때 사용하는 도구는 사람에 따라 다른데 먼저 아래에 열거하는 최소한의 도구를 각각 준비하면 좋습니다.

1. 곡을 쓰는 도구
→ 각종 악기(기타/건반/컴퓨터/소프트웨어/앱 등)

2. 곡을 기록하는 도구
→ 녹음기기(컴퓨터/녹음기/스마트폰 등)

그러나 소리 낼 수 있는 도구를 많이 가지고 있어도 의욕이 없다면 마음이 담기지 않은 '그냥 소리'밖에 만들 수 없습니다. 또 만약 누군가를 행복하게 할 수 있는 곡에 대한 멋진 아이디어가 떠올랐다고 해도 연주하지 못한다면 어떤 곡인지 소리를 확인할 수 없습니다. 작곡할 때 꼭 악기 연주 실력이 좋아야 하는 것은 아니지만 적어도 듣는 사람에게 자신의 작곡 의도를 전달할 수 있을 정도의 실력은 갖추어 두는 것이 좋습니다.

악기 연주 경험이 전혀 없는 분에게는 자신이 원하는 이미지를 어떤 악기로 표현하려고 하는 것 자체가 작곡의 첫걸음이 될 것입니다. 신은 악기를 싫어하는 사람도 쉽게 다룰 수 있는 작곡 도구를 이미 각 사람에게 하나씩 선물로 주셨습니다.

<h1 style="text-align:center">사람은 모두 노래할 수 있다</h1>

악기나 컴퓨터를 다루는 것이 서툰 분도 노래할 용기만 있다면 작곡을 시작할 수 있습니다.

만약 어떤 사정으로 목소리를 낼 수 없는 사람도 살아있는 이상 마음속으로 노래할 수 있습니다.

노래할 수 있는 사람은 목소리로, 노래할 수 없는 사람은 악기로, 노래도 악기도 서투른 사람은 랩이나 말하기, 그냥 손장단 등 그 무엇이라도 상관없습니다. 일단 마음 가는 대로 몸을 움직이며 여러분의 마음속에 있는 생각과 의도를 소리로 표현해 봅시다.

이 소리=마음 속 이야기를 녹음하고 여러 번 다시 들어보면 우리는 비로소 그것이 '그냥 소리'인지 "음악"인지를 판단할 수 있게 됩니다.

앞으로 여러분이 만들 곡은 누군가에게 전달되어야 비로소 그 존재가치가 생겨 곡으로서의 좋고 나쁨을 논할 수 있게 되는데 그중에는 여러분 마음에 드는 것도 있고, 마음에 들지 않는 것도 있을 것입니다. 하지만 그 곡이 누군가에게 필요하고 누군가를 행복하게 할 수 있는 것인지는 '누군가'에게 그 곡을 "들려줘 보아야" 알 수 있습니다.

작곡 과정에서 최초의 감상자, 즉 여러분의 곡을 제일 처음 듣는 사람은(작곡자가 유명한 작곡가이든 이제 막 작곡을 시작한 초심자이든) '자기 자신'입니다. 자기가 만든 곡을 들어보면서 자신에게 그 곡이 필요한지, 그 곡을 통해 자신이 행복해질 수 있을지를 제일 먼저 여러분 자신이 직접 확인하는 것입니다.

다만 스스로는 별로라고 느끼는, 작품으로서의 완성도가 부족한 소리의 단편도 누군가에게는 눈물을 흘릴 정도의 벅찬 감동을 주는 멋진 음악이 될지도 모릅니다(물론 그 반대의 경우도 있을 수 있겠지만).

매일 수많은 곡 가운데에서 원석을 발굴해 내는 프로듀서처럼 여

러분 각자가 본인의 프로듀서가 되어 자신의 마음속 이미지를 주옥
같은 노래와 소리로 만들어 봅시다.

러분 각자가 본인의 프로듀서가 되어 자신의 마음속 이미지를 주옥
같은 노래와 소리로 만들어 봅시다.

1-4 작곡에 필요한 세 가지 요소

이번에는 좀 더 구체적으로 우리가 작곡을 시작하기 전에 알아두어야 할 음악적인 지식에 대해 살펴보도록 하겠습니다.

요리를 만들 때 재료가 필요한 것과 마찬가지로 작곡할 때도 재료에 대해 파악해 두어야 합니다.

리듬/멜로디/코드

위에 열거한 세 가지 재료는 반드시 알아두어야 할 작곡의 기초가 되는 요소들입니다. 이 세 가지를 어떻게 조리하느냐에 따라 곡의 완성도가 몰라보게 달라지는데, 이것들을 능숙하게 다룰 수 있게 되면 누구나가 '멋지다!'라고 느끼는 "대박 나는" 곡을 만들 수 있게 됩니다.

여러분이 듣는 사람이 만족하는 곡을 만들고 싶다는 꿈을 이루도록, 이 책에서는 위의 세 가지 요소에 관해 각각 살펴보고 그 특징과 취급법에 대해 최대한 자세하게 설명할 것입니다.

자신도 만족하고 듣는 사람도 맘 편히 즐길 수 있는 요리=곡의 구조를 여러분의 오감을 통해 느껴 보시기 바랍니다.

곡은 "리듬/멜로디/코드"로 이루어져 있다

작곡을 요리에 빗대어 생각해 보면 한 입만 먹어봐도 '맛있는 카레'라고 해도, 그것이 사랑하는 사람을 위해 손수 만든 요리인지, 새로 나온 즉석식품인지, 5성급 호텔 디너인지에 따라 그 맛이 다를 것입니다.

이와 같이(맛없는 요리를 억지로 먹이는 것과 같은 성의 없는 작곡은 하지 않는다는 전제하에) 곡의 완성도 자체는 취향이나 스타일이 각각 달라도 전혀 상관 없습니다.

다만 '맛있는 카레'를 먹이겠다고 결심한 이상 적어도 먹는 사람이 그 요리를 '카레'라고 느낄 수 있게 해 주어야 하는데 그렇지 않으면 그 요리(곡)는 작곡가의 의도와 전혀 다른 '실패작'이 되고 맙니다.

카레를 만드는 사람은 필요한 재료를 알고 있다

즉 조리 기구(악기 또는 녹음기기)나 요리하고 싶은 마음이 있더라도 '곡' 그 자체가 구체적으로 어떤 소재나 재료로 이루어져 있는지를 모르면 애써 만든 결과물이 고기도, 야채도, 카레 루도 없는, 그냥 뜨거운 물을 부은 밥 같은 곡이 되어버릴지도 모릅니다.

그래서 우리가 곡을 듣는 사람에게도 제대로 된 '곡'으로서 전달하기 위해서 사전에 생각해 보아야 할 것이 이전 페이지에서 말한 세 가지 요소입니다.

우리가 입에 넣은 요리를 '맛있다'고 느끼는 것은 구체적으로 어떨 때일까요?

> 겉바속촉, 한입 먹으면 사르르 녹아내린다! → 맛있다!
> 겉은 끈적끈적, 속은 푸석푸석, 몇 번 씹어도 잘 씹히지 않는다! → 맛없다!

어떻습니까? 읽기만 해도 맛있을지, 없을지 상상이 가실 것입니다. 요리이든 곡이든 우리의 마음속에는 원래 '이랬으면 좋겠다.'라는 보편적인 바람이 있고 재료와 요리법이 균형 잡혀 있는 상태에 대해 본능적으로 만족감을 느낍니다. 그리고 사람마다 취향이나 감각의 차이는 있겠지만 "리듬/멜로디/코드"라는 세 가지 요소에 대해서도 '곡이 이랬으면 좋겠다.'는 모든 사람이 갖는 보편적인 바람을 균형 잡힌 모습으로 들려줌으로써 듣는 사람에게 만족감을 줄 수 있습니다.

> 단순한 곡은 소재 자체가 신선하고 활기차야 만족감을 준다
> 정교한 곡은 각 소재가 서로 돋보이게 하는 구성이 만족감을 준다

그리고 아래의 사항을 염두에 두고 작곡하면 듣는 사람에게 큰 만족감을 줄 수 있습니다.

> 지루한 것보다는 재미있고 흥미로운 것이 좋다
> 어려운 것보다는 이해하기 쉽고 단순한 것이 좋다
> 임팩트 없는 것보다는 있는 것이 좋다

이처럼 필요한 요소가 필요한 만큼 균형 있게 존재하는 상태야말로 음악적으로도 만족스럽고 자기 자신과 듣는 사람 모두를 행복하게 하는 "곡의 이상적인 모습"입니다.

작곡은 "리듬/멜로디/코드"의 "균형 잡힌 상태"를 만들어내는 작업이다

제1장에서는 작곡할 때 필요한 최소한의 음악적 요소로 '리듬/멜로디/코드' 세 가지가 있다고 했는데 자신과 듣는 사람 모두를 만족시키려면 이것들을 어떻게 조리해야 할까요?

이제부터 이 세 가지 요소 각각의 '이상적인 형태'에 대해 살펴보고 이것들을 균형 잡힌 상태에서 어떤 "패턴"과 "사운드"로 완성해야 듣는 사람을 더 감동시킬 수 있는가에 대해서도 생각해 보겠습니다.

제1장에서 살펴본 관점은 이 책 전체의 내용에 공통으로 적용되는 가장 기본이 되는 것입니다.

모든 사람을 만족시킬 수 있는 곡을 만들 수 있도록 여러분 자신의 음악적인 감각을 꾸준히 갈고 닦으시기를 바랍니다.

만약 여러분이 흔히 말하는 '명곡'이라고 불릴 정도로 모두에게 사랑받고 가치 있는 곡을 만들고 싶다면 먼저 자신이 생각하는 명곡이 무엇인지 생각해 보아야 합니다.

먼저 세상 사람 모두가 인정하는 명곡을 비롯한 여러분 각자의 '소중한 명곡'을 최대한 많이 찾아봅시다. 잘 팔리는 곡만 명곡이고 잘 팔리지 않으면 명곡이 아니라고 할 수는 없습니다. 중요한 것은 그 곡이 여러분 각자가 생각하는 "이상적인 곡의 모습"을 얼마만큼 상상하게 해 주느냐는 것입니다.

이번에는 제가 명곡이라고 생각하는 곡들의 공통적인 특징을 몇 가지 살펴보도록 하겠습니다.

【유명 스테디셀러 명곡】

결혼식이나 졸업식, 광고음악 등에서 자주 사용되거나 노래방에서 자주 접하는 명곡들을 많이 알고 계실 텐데 너무 유명해서 흔한 느낌마저 드는 바로 그 곡에야말로 지금 여러분에게 필요한 작곡을 위한 '힌트'가 숨겨져 있을지도 모릅니다.

명곡 만들기가 목표인 사람에게 있어서 음악적인 '편식'은 금물입니다.

【작품의 퀄리티가 남다른 곡】

지금까지 누구도 경험하지 못했던 구조와 분위기, 세계관을 구현한 작품이라면 히트곡이 될지 어떨지를 떠나 최소한 음악사에 그 이름을 남기고 사람들의 마음속에 오랫동안 간직될 것입니다.

국경을 초월한 여러 나라의 음악에서 명곡이 탄생하는 것처럼 여러분이 작곡한 곡 또한 누군가에게 특별하고 흥미로운 "명곡"으로 기억될지도 모릅니다.

【작곡가의 명성을 통해 유명해진 곡】

본인이 쓴 곡에 대해 특별한 애착을 갖는 경우를 제외하고 현재 듣고 있는 곡을 누가 만들었는지 일일이 신경 쓰면서 듣는 사람은 아직도 극히 소수라고 생각합니다.

하지만 자신이 곡을 쓰는 입장이라면 평소 듣는 곡의 작곡가에 대해서도 관심을 두고 곡의 특징이나 스타일에 귀를 기울여 보아야 합니다.

같은 작곡가가 만드는 곡 중에도 명곡과 그렇지 않은 곡이 있는데 그 차이는 무엇일까요? 반대로, 작곡가의 이름을 세상에 알리는 계기가 된 곡에는 도대체 어떤 마법과 비밀이 담겨 있었을까요?

그 특별한 '무엇인가'를 형태화할 수만 있다면 여러분이 앞으로 작곡할 곡들도 여러분의 존재를 세상에 널리 알려 줄 "명곡"이 될 것입니다.

이 책에서 의미하는 "명곡"이라는 말에는 이 모든 의미가 담겨 있는데 이와 함께 '명곡이란 이래야 한다'는 여러분 나름의 의미를 찾아보시기를 바랍니다.

이와 같은 마음가짐으로 작곡하다 보면 여러분의 곡은 본인에게는 물론이고 듣는 사람에게도 "명곡"으로 전해질 것입니다.

세상에 가득한 수많은 명곡들을 꾸준히 접하면서 여러분의 작곡에 대한 가치관을 명작곡가답게 성장시켜 갑시다.

제 2 장

리듬을 파악하자

2-1 리듬은 곡의 "생명"이다

제2장에서는 제가 특히 중요하다고 생각하는 곡의 "리듬"에 대해서 살펴보겠습니다.

심장이 계속 뛰는 한 여러분은 살아있습니다. 하지만 심장이 멈추는 순간 여러분은 더 이상 음악을 즐길 수도, 작곡할 수도 없게 됩니다. 심장은 감정과 행동에 따라 그 심박수가 달라지는데 여러분은 이것을 통제할 수 없습니다. 그런 여러분이 이 세상에서 유일하게 자유자재로 통제할 수 있는 움직임이 바로 여러분이 앞으로 만들 곡의 "리듬"이고 이것은 곧 우리가 작곡할 때 가장 소중히 여겨야 할 "생명"입니다.

살아있다는 증거 = 생명의 "리듬"

곡을 만드는 도구로서의 '악기'를 마스터하는 과정에서 자신의 음악적인 상상을 악기로 표현하는 것은 매우 중요합니다. 그리고 우리의 감정과 심박수가 서로 영향을 주고받는 것처럼 곡에 담는 리듬을 어떻게 표현하는가에 따라 듣는 사람의 마음에 감동을 전할 수 있게 됩니다.

즉 작곡할 때는 우선 곡에 적합한 리듬을 파악하고 표현하는 것이 가장 중요합니다.

곡에 적합한 "리듬"을 악기와 온몸으로 표현해 보자

원래 무언가에 대해 '이렇게 해야 한다.'는 확고한 신념을 갖기 위해서는 우선 그 '무언가'에 대한 근본적인 이해가 필요합니다.

우리는 작곡을 우연이나 기적의 산물이 아니라 자신의 의지로 누구에게나 사랑받을 가치가 있는, 이른바 "대박 나는" 곡을 만들어내는 "음악적 행위"로서 학습하려고 합니다. 우리가 의도적이면서도 자유롭게 작곡하려면 먼저 "음악이란 무엇인가?"를 분명히 해 두어야 합니다.

우리에게 아직 곡을 만들기 위한 구체적인 이미지가 없고 음악을 즐기려고 하는 마음조차 싹트지 않은 단계에서도 우리를 둘러싼 이 세계는 이미 실로 다양한 '소리'의 가능성으로 가득 차 있습니다. 혼잡한 도시의 소리나 자연의 소리에 귀를 기울여 보면 온갖 종류의 소리가 음악이 되기 전의 '소음'으로서 은밀하게 존재한다는 것을 알게 되는데, 우리가 음악을 일상에서 당연한 것으로 이해하고 받아들이려면 먼저 소리나 소음에 섞인 '일상' 자체를 즐기면서 살 수 있어야 합니다.

물론 여러분이 살아있지 않으면 음악을 즐길 수 없고 애초에 이 세상에 태어나지 않았다면 여러분이 만든 곡도 이 세상에 태어나지 않았을 것입니다. 그렇다면 여러분이 지금 '살아있다'는 증거를, 무엇을 통해 얻을 수 있을까요?

만약 우리가 그 '무언가'를 자신의 곡에 의도적으로 담을 수 있다면 그 순간이야말로 그 곡에 '생명'이 깃드는 '곡이 태어나는 순간'이 될 것입니다. 자, 가슴에 손을 얹고 상상해 봅시다. 정말 멋지지 않나요?

만약 일을 할 때 전체적인 부분에 대한 파악 없이 주먹구구식으로 일한다면 '일을 잘한다'고 할 수 없을 것입니다. 작곡할 때도 이와 마찬가지로 곡을 최종적으로 어떻게 만들고 싶은지에 대한 이미지를 분명히 해두지 않으면 곡에 가장 잘 어울리는 리듬적인 표현을 떠올리기 힘들 것입니다.

처음에는 곡에 대한 이미지가 '○○의 ○○곡 같은 느낌'과 같이 기존 곡과 비슷해도 상관없습니다.

우선 여러분이 만들고 싶은 곡에 어울리는 "템포(빠르기)"를 파악해 봅시다.

어떤 템포도 정확하게 파악할 수 있는 도구인 메트로놈에서 '속도를 나타내는 단위'는 'BPM(Beats Per Minute)'입니다. 자세한 설명은 생략하겠지만(관심 있는 분은 검색해 봅시다) 중요한 것은 그 '수치'를 확인하는 것과 그 템포가 여러분의 "곡에 어울리는 템포인가"를 알 수 있는 '감각'을 키우는 것입니다.

피아노로 작곡하는 사람은 상체나 발로, 기타로 작곡하는 사람은 상하로 움직이는 손동작으로, 그리고 컴퓨터로 작곡하는 사람이라면 메트로놈 등을 이용해서 먼저 자신의 곡에 어울리는 템포를 파악합시다.

그래야 여러분이 만들고 싶은 곡에 어울리는 리듬의 '구체적인 모습'이 더 분명해질 것입니다.

템포를 "정확하게" 파악하자

작곡가는 작곡에서 생명이라고 할 수 있는 리듬의 빠르기를 '템포' 나 'BPM'이라고 부르는데 작곡할 때는 물론이고 악기 연주나 녹음, 컴퓨터 입력과 같은 다양한 음악 작업의 초기 단계부터 "반드시"라고 말해도 좋을 정도로 이것을 의식합니다.

신체의 격렬한 움직임과 기분의 고조에 따라 심박수가 달라지는 것처럼 리듬도 속도가 빠를수록 듣는 사람에게 자극이나 흥분을 느끼게 하고 반대로 느린 리듬은 느긋한 기분이나 힐링 되는 느낌을 선사합니다.

우리가 일상에서 말하는 '딱 "좋은" 속도'라는 표현은 곡에 대한 표현으로는 그리 바람직하지 않을 수도 있는데, 템포에는 좋고 나쁨이 없고 그저 그 곡의 느낌에 맞는 "빠르기"가 그때마다 요구될 뿐입니다.

만약 이 세상에 '좋은 템포/나쁜 템포'가 있다면 그것은 그 곡에 어울리는 템포가 '좋은 템포'이고, 어울리지 않는 템포가 '나쁜 템포'라는 의미가 될 것입니다.

박자를 파악하자

지금까지 만들고 싶은 곡을 마음속에 떠올리고 그 템포를 파악하는 것에 관해 이야기했는데 다음에 우리가 해야 할 작업은 "박자를 파악하는 것"입니다.

곡의 '템포'와 달리 '박자'란 굉장히 모호한 것입니다. 굳이 정의를 내리자면 '어떤 일정한 구분 안에서 곡의 리듬이 어떻게 움직이고 있는가?' 또는 '곡에서 일정하게 움직이는 리듬의 어디부터 어디까지를 한 덩어리로 인식하는가?'와 같은 것입니다.

여러분이 드럼을 친다고 상상해 봅시다. 연주를 시작하기 전에 양손에 쥔 스틱으로 연주할 곡의 카운트를 합니다. 몇 번 카운트해야 가장 편안하고 듣기 좋은 연주가 가능할까요? 짝수인가요? 홀수인가요? 카운트한 개수만큼의 박자를 곡의 끝까지 반복해도 문제없을 것 같나요? 이처럼 곡의 이미지를 분명하게 하기 위해서라도 곡의 리듬이 '몇 박자'인지를 항상 "카운트"하도록 합시다.

마음속 드러머에게 곡의 "카운트"를 하게 하자

사람의 심장박동에 관해 '심박수'나 '맥박' 같은 말이 있는 것처럼 음악에도 곡의 생명인 리듬에 대해 "박자"라는 개념이 존재합니다. 쿵쾅쿵쾅하고 일정한 리듬으로 뛰는 심장, 그 맥박의 어디부터 어디까지를 하나로 인식하느냐에 따라 이것을 나타내는 수치, 즉 "박자 수"가 각각 달라집니다(하단 일러스트 참조). 정확한 템포를 계속해서 들려주는 '메트로놈'과 우리에게 생명을 주는 '심박수'의 차이는 거기에 '강약'이나 '정박과 엇박' 등의 '템포의 정확도 이외의 것'이 존재하는지의 여부입니다.

여러분이 만약 자신 이외의 누군가가 만든 곡에 맞춰 손뼉을 칠 때에는 그 곡의 언제, 어떤 타이밍에, 어느 정도의 세기로, 정박 또는 엇박으로 손뼉을 칠지 그다지 망설이지 않을 것입니다(만약 망설여진다면 아직 그 곡의 리듬을 제대로 파악하지 못했다는 것입니다).

이런 감각을 바탕으로 여기서부터 여기까지를 하나의 박(1박)이라고 정하고 그 1박이 몇 개로 느껴지는지를 '박자'로 의식합니다.

여기서 중요한 것은 "템포=속도"인 것에 비해 "박자=박의 수(몇 박을 한 덩어리로 인식하는가?)"라는 것인데, 박자감을 익히려면 박자를 세 보아야, 즉 "카운트"를 해봐야 정확한 느낌을 알 수 있습니다.

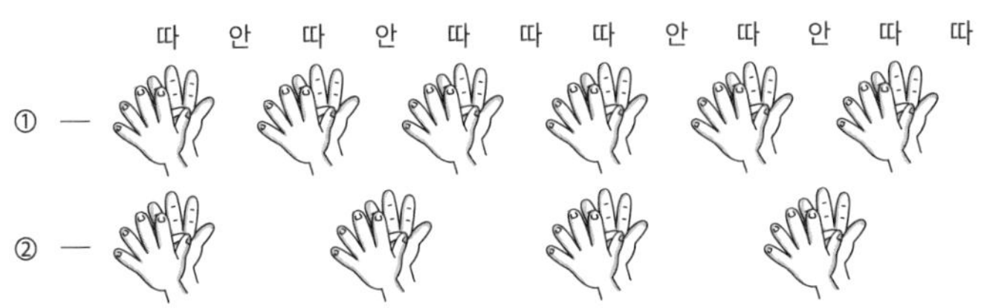

같은 '따안따안따따'도 어디부터 어디까지를
하나로 인식하느냐에 따라
①, ②와 같은 차이가 생긴다.

① 따안 따안 따따
② 따안따 안따따

지금까지의 관점을 바탕으로 보다 "대박 나는" 리듬과 곡을 만들기 위해서는 리듬의 '느낌'을 어떻게 인식하는가가 중요합니다. 이것은 흔히 말하는 '분위기 좋다'의 "분위기"를 말합니다.

곡에 어울리는 분위기는 리듬에 알맞은 템포와 박자의 완급과 강약, 비트 등의 다양한 요소를 결합해서 만들 수 있습니다. 각각의 악기 소리의 느낌에 따른 '변화'나 '전개'를 의식하면서 여러분이 마음에 그리는 곡의 리듬이 가진 '분위기'를 느껴봅시다.

다음과 같은 방법을 통해 곡의 느낌에 맞는 변화와 전개를 표현할 수 있습니다.

【피아노로 작곡하는 경우】

반주법이 항상 같지는 않나요? → 음표의 종류를 늘려 보자

양손의 위치가 항상 같지는 않나요? → 고음이나 저음을 연주해 보자

원래보다 더 빨리(느리게) 치고 있지는 않나요? → 다른 템포로 연주해 보자

【기타로 작곡하는 경우】

연주 강도가 항상 같지는 않나요? → 연주의 강약을 의식해 보자

사용하는 리듬이 항상 같지는 않나요? → 당김음을 사용해 보자

스트로크로만 반주하고 있지는 않나요? → 아르페지오로 연주해 보자[*]

---

[*] 스트로크/아르페지오 주법의 명칭. 현에 대한 접근 방식이 다르다.

【컴퓨터로 작곡하는 경우】

음의 강약이 다 같지는 않나요? → 벨로시티를 변화시켜 보자[**]

소리 나는 타이밍이 어긋나지는 않나요? → 퀀타이즈를 해 보자[***]

음이 계속 울리고 있지는 않나요? → 쉼표를 집어넣어 보자

[**] 벨로시티　　소리를 낼 때 입력 신호의 대소 또는 강약.
[***] 퀀타이즈　　연주 데이터 타이밍의 어긋남을 보정하는 기능.

애매한 곡은 좋지 않은 평가를 받지만 "좋은 곡"은 모두에게 사랑받는다

곡이 좋다 = 곡의 "느낌/분위기"가 좋다

이와 같이 '느낌'이 '분위기'를 의미한다면 음악적으로도 느낌이나 분위기가 좋은 곡이 듣는 사람이 편하게 들을 수 있는 작품이 될 것입니다.

반대로 느낌이 별로라면

느낌이 별로인 곡 = 곡의 분위기가 전체적으로 어울리지 않는다

밋밋한 느낌의 곡 = 단조로워서 재미가 없다

등과 같이 좋지 않은 평가를 받을 것을 각오해야 합니다.

즉 여러분의 곡이 듣는 사람에게 "대박 나기" 위해서는 가능한 한 그 곡에 어울리면서도 "단조롭지 않은 느낌과 분위기"를 리듬으로 충분히 상상한 다음 표현해야 합니다.

곡이 듣기 좋다 → 곡의 "느낌/분위기"가 좋다

곡의 "느낌/분위기"가 좋다 = 곡이 전체적으로 균형 잡혀 있다

곡의 "느낌/분위기"가 좋다 = 곡이 단조롭지 않다

이것을 기억하면서 여러분의 곡에 가장 어울리는 리듬의 "가장 이상적인 모습"을 더 확실하게 구현해 보시기 바랍니다.

2-5 좋은 리듬이란 무엇인가?

삼삼칠 박수는 왜 '삼삼칠' 박수일까요? 이것이 만약 '삼삼삼 박수'였다면 엄청나게 지루한 리듬이었을 것이라는 것은 세 번씩 반복되는 박수를 몇 번만 쳐봐도 바로 느낄 수 있습니다.

사람은 쉽게 예측할 수 있는 일이 반복되면 금방 질려 버리는 간사한 동물이므로 삼삼삼 박수보다 덜 지루한 삼삼칠 박수라고 해도 계속 치다 보면 저절로 손뼉 치는 속도가 빨라지거나 건성으로 치다 말 것입니다.

이처럼 일정한 템포를 인공적으로 반복하는 메트로놈도, 모래사장에 밀려오는 파도 소리도, 그 어느 쪽도 그것만으로는 '음악'이라고 할 수 없습니다. 하지만 일정한 리듬에 '쉽게 예측할 수 없는 반복적인 요소'를 추가하거나 의도적으로 '구조화'하면 우리는 비로소 작곡의 첫 발걸음을 내딛게 됩니다.

만약 메트로놈과 같은 정확함과 파도 소리와 같은 규칙성 모두를 함께 표현할 수 있는 일정한 리듬을 반복할 수 있다면 그 '구조'는 그 누구의 마음에도 인상 깊게 와 닿을, 이른바 "대박 나는" 곡의 밑바탕이 될 것입니다.

손으로 치는 손장단, 발로 치는 발장단, 그리고 마음으로 느끼는 심박수 등을 그저 밋밋하게 반복된다고 생각하지 말고, '정확'하게, '나만의 느낌'으로 만들어 봅시다. 분명 그 리듬은 모든 작곡가에게 여러 가지 아이디어를 가져다주는 '좋은 리듬'이 될 것입니다.

리듬의 "편안함"을 느껴보자

인류가 아직 현재와 같은 언어를 갖기 이전, 사람과 원숭이의 중간 쯤 되는 상태의 존재로 매일 그저 살아남기 위해 도구를 사용해서 사냥하고 농사를 지으며 자손을 낳아 기르던 시절에는 '음악'이나 '작곡'과 같은 개념이 존재했을까요?

가족의 안위와 성공적인 사냥, 풍작을 기원하던 당시의 풍습을 상상하면 현대와 같이 '즐긴다'라는 취지는 아니지만 본래 인간이 가진 신비롭고 열정적인 본능과 생명과 번영을 기리는 제례 행사의 음악이 떠오릅니다.

자연과 조화롭게 일정한 질서를 유지하면서 안위를 기리며 감사하는 일상을 통해 우리의 생명은 오늘날까지 꾸준히 발전을 거듭하며 변함없이 계승되어 왔습니다.

일상생활을 위해 사용하던 도구들을 '소리를 즐기기 위한' 것으로 의식한 순간 이 세상에 '음악'이라는 개념이 생겨났고 이것이 자신 이외의 다른 사람에게 전할 수 있는 "음악적인 구조"를 탄생시키는 행위인 "작곡"의 출발점이 되었을 것입니다.

그렇다면 결국 최소한의 리듬을 의도적으로 즐기는 것이 음악의 가장 원시적이고 기본적인 행위이며 인간 본래의 본능에 충실한 작곡 행위라는 결론에 다다르게 됩니다. 생일을 축하할 때 손뼉을 치며 부르는 생일 축하 노래나 응원의 마음을 전할 때 치는 삼삼칠 박수 등은 그 예라고 할 수 있습니다.

Column · 작곡가와 리듬

우리가 살고 있는 세계는 각 나라의 문화와 음악성에 따라 다양한 스타일과 양식을 겸비하고 각각의 특별한 카테고리와 명칭을 가진, 하나의 장르로서도 확립된 온갖 '리듬'으로 넘치고 있습니다.

요즘은 턴테이블을 사용해 과거의 음원에 담긴 프레이즈나 비트의 재구축을 통해 새로운 리듬을 창조하는 DJ나 프로듀서는 물론이고, 컴퓨터로도 쉽게 가능해진 '샘플링' 기술을 통해 이미 발매된 곡을 쉽게 편집할 수 있게 되었습니다.

이제 백지상태에서 리듬을 생각해 내는 것이 아니라 이미 존재하는 음악적인 생명이 담긴 리듬을 바탕으로 한 작업을 통해 더 쉽게 작곡할 수 있게 되었습니다.

기존의 리듬을 사용하는 것의 장점은 미처 생각지도 못했던 새로운 아이디어를 얻을 수 있다는 가능성과 듣는 사람에게 일정 수준 이상의 음악적 퀄리티를 선사할 수 있다는 점입니다.

이와 반대로 코드와 멜로디 등을 먼저 떠올리는 순서로 작곡한 경우 나중에 추가하는 기존의 리듬이 멜로디나 코드 진행에 어울리지 않는 경우가 생기기도 합니다.

어떤 작곡가는 하나의 리듬에서 얻은 아이디어로 단번에 곡을 쓰고, 어떤 작곡가는 먼저 만든 멜로디에 맞는 리듬을 몇 분 만에 만들어내기도 합니다.

작곡에 관해 자주 하는 질문 중에 '곡을 쓸 때는 무엇을 먼저 만들면 좋을까?'라는 것을 꼽을 수 있는데 보통 멜로디, 코드, 가사 중 어느 것부터 써야 하는지에 대해서는 고민하지만 정작 중요한 '리듬'에 대해서는 그다지 중요하게 생각하지 않거나 대충 만드는 경향이 있습니다. 하지만 제2장에서 지금까지 살펴본 대로 작곡의 기본은 어디까지나 곡의 밑바탕에 흐르는 "리듬"을 구축하는 것이라는 사실을 잊는다면 여러분의 곡은 생명력을 잃어버리게 될 것입니다.

　미처 곡에 대한 아이디어가 전혀 떠오르지 않은 상태에서도 일단 리듬을 마음속에 떠올리면 의외로 자연스럽게 콧노래로 흥얼거릴 정도의 좋은 멜로디나 코드 진행이 떠오를 것입니다. '작곡가'는 어쩌면 이와 같은 리듬의 마법을 즐기면서 하루하루를 살아가는 사람을 가리키는 말일지도 모릅니다.

제 3 장

멜로디 만들기

3-1 멜로디는 곡의 "얼굴"이다

작곡가 지망생들은 누구나 자기가 만든 멜로디가 다른 곡과 비슷(하다는 느낌이 들곤)해서 고민할 때가 많은데, 애초에 곡의 '얼굴'인 멜로디가 어떤 곡과도 비슷하지 않다면 그것이 오히려 이상한 것입니다.

사람의 얼굴은 모두 '눈 두 개, 코와 입이 각각 하나'지만 각각 다른 개성을 가지고 있는데, 각 부분의 사소한 차이와 모양에 따라 타인에게 호감 가는 인상인지 아닌지가 결정됩니다.

그리고 '사람의 얼굴은 이래야 한다.'는 최소한의 기준이 있는 것처럼 곡의 얼굴인 멜로디에도 이와 같은 기준이 있어서 '얼굴'로서 갖추어야 할 "조화"를 겸비한 멜로디는 모두 누군가의 얼굴, 즉 누군가의 곡과 비슷할 것입니다(그렇지 않다면 그 멜로디는 인간미 없고 인공적인 느낌이 들 것입니다).

그러므로 다른 곡이나 다른 사람과 비슷해질 것을 두려워하지 말고, 여러분의 머릿속에 떠오른 멜로디의 단편들을 마음껏 형태화해 봅시다(그리고 가능하면 기록, 녹음해 둡시다).

제2장에서 곡의 '생명'인 '리듬'에 대해 살펴보았는데 제3장에서는 곡의 '얼굴'인 "멜로디"에 대해서 자세하게 살펴보겠습니다. 앞으로 배울 멜로디에 대한 지식에 생명을 불어넣어 여러분의 곡에 균형 있게 배치하고 싶다면 이미 세상에 존재하는 다양한 개성을 가진 멜로디들을 최대한 많이 접해 보시기 바랍니다.

멜로디 만들기는 "표정 만들기"이다

여러분 중에 '눈 가리고 눈사람 얼굴 만들기' 게임을 해 보신 분이 계십니까? 눈을 가린 술래가 눈사람에게 눈, 코, 입, 귀, 눈썹 등을 손으로 더듬어가며 붙인 후 눈가리개를 풀고 완성된 얼굴을 확인하는 게임인데, 각 부분의 모양은 같아도 어디에 어떤 형태로 붙이는가에 따라 완성되는 얼굴이 달라서 매우 재미있습니다.

웃는 얼굴, 우는 얼굴, 화내는 얼굴 같을 때도 있고, 때로는 말도 안 되는 엉뚱한 배치가 너무 우스워서 보는 사람의 웃음을 자아내기도 합니다.

조금 다른 이야기지만 노래방에서 노래하는 '음악적 행위'에 대해서도 여러분과 함께 생각해 보고 싶습니다. 노래방에서는 이미 완성된 작품으로 세상에 나와 있는 곡을, 구성하고 있는 음악적 요소인 '멜로디' 부분을 제외한 MR(반주)에 맞춰서 자유롭게 노래합니다. 물론 대부분의 경우에는 멜로디를 원곡에 충실하게 부르겠지만 종종 대담한 애드립과 샤우팅 창법을 선보이는 등 각자 개성 만점의 노래 실력을 뽐내기도 합니다(여러분도 노래방에 가면 다른 사람으로 돌변하지는 않나요?). 그러다가 갑자기 불러야 할 멜로디를 까먹기라도 하면 그야말로 눈 가리고 눈사람 얼굴을 만드는 것처럼 제멋대로 멜로디를 지어 부르기도 합니다.

여러분이라면 눈사람의 얼굴에 어떤 부분을 어떻게 배치하고 어떤 '얼굴'과 '표정'을 만드실 건가요?

3-2 멜로디는 "리듬"과 "음정"으로 되어있다

곡의 '얼굴'인 멜로디를 만들 때는 어느 부분부터 만들어야 할까요? 이번에는 음악적인 구조로서 '리듬'과 '음정'에 대해 구체적으로 살펴보도록 하겠습니다.

여기서 말하는 "음정"이란 '멜로디가 어떤 음에서 다음 음까지 어느 정도의 거리로 움직이는가?'에 대한 '정도'와 '거리'를 말합니다.

악보 3-①

악보 3-①은 「나비야」와 「독도는 우리 땅」의 시작 부분의 리듬을 시각적으로 나타낸 것인데 두 곡 모두 앞에서 살펴본 '삼삼칠 박자' 리듬으로 되어 있고 리듬이 완전히 똑같다는 것을 알 수 있습니다. 두 곡의 멜로디에 차이가 있다면 바로 '음정이 움직이는 방법'입니다.

참고로 두 곡의 멜로디는 악보 3-②와 같이 계속됩니다.

「나비야」가 주로 멜로디가 갖는 '리듬(가로축)'이라는 요소를 변화시키는 것에 비해 「독도는 우리 땅」은 시작 부분과 같은 리듬을 유지하다가 후반부의 「음정(세로축)」과 리듬이 달라집니다.

이 두 곡은 '같은 리듬과 다른 음정의 움직임'이라는 멜로디가 갖는 두 가지 요소를 점점 변화시키면서 서로 다른 '표정'을 연출합니다.

멜로디는 "리듬"이라는 가로축과 "음정"이라는 세로축으로 만들어진다

또 다른 예를 들어 보겠습니다.

생일 축하에 빼놓을 수 없는 곡인 「Happy Birthday to You」를 부르기 전에 여러분은 곡의 생명인 '리듬' 카운트를 어떻게 하시나요?

하단 악보와 같이 같은 멜로디라도 곡의 밑바탕에 흐르는 리듬에 대한 멜로디의 '위치'에 따라 멜로디 자체의 느낌이나 곡 전체의 리듬까지 자연스럽게 바뀝니다.

즉 제3장에서 지금까지 살펴본 곡들의 멜로디가 갖는 차이와 위치에 대한 개념이야말로 우리가 작곡할 때 기억해야 할 멜로디의 각 요소입니다.

이번에는 악보 3-③의 멜로디를 '음정'에만 집중하면서 노래해 봅시다. 이 곡에 담긴 음의 타이밍과 위치와 같은, '리듬'만으로는 표현할 수 없는 음정이 만들어 내는 드라마틱한 전개=표정이 느껴지시나요?

악보 3-③

하나	둘	셋	넷	‖ 생일 하나	축 둘	하 셋	합니 넷	| 다 하나	둘	셋	넷 |
				| 생일 하나	축 둘	하 셋	합니 넷	| 다 하나	둘	셋	넷 |

하나	둘	셋	둘	둘	셋 생일	‖ 축 하나	하 둘	합니 셋	| 다 둘	둘	생일 셋 |
						| 축 하나	하 둘	합니 셋	| 다 둘	둘	사랑 셋 |

멜로디 만들기에 필요한 것은 "도레미파솔라시도" 8음 뿐이다

앞에서 살펴본 「Happy Birthday to You」는 '세계에서 가장 많이 불리는 노래'로 기네스북에도 등재된 세계에서 가장 '대박 난' 곡입니다.

이 명곡의 멜로디를 계이름으로 적은 것이 악보 3-④인데 이와 같이 멜로디에 필요한 소리의 종류는 기본적으로 '도레미파솔라시도' 8음뿐이라는 전제하에 여러분이 알고 있는 수많은 곡의 멜로디를 계이름으로 불러 봅시다.

때로는 샤프(#)나 플랫(♭)*과 같은 미묘한 소리의 변화가 있을 수도 있는데, 그것들 역시 '도레미파솔라시도'에서 파생된 일시적인 변화로 이해하시기를 바랍니다.

그리고 계이름을 파악하기 어려운 곡들은 '도레미파솔라시도'가 확실한 건반 악기 등으로 쳐보면서 평소에 "어떤 멜로디도 계이름으로 바꿔 부를 수 있는 감각"을 연마해서 "대박 나는" 곡 만들기라는 목표에 한 걸음 더 다가갈 수 있으면 좋겠습니다.

---

* 샤프(#)/플랫(♭)　음의 높이를 음정의 최소 단위인 '반음'만큼 올리고 내리는 기호.

멜로디를 "계이름"으로 파악하자

우리의 목소리는 피아노나 기타와 같은 악기와 달리 목소리를 낼 수 있는 범위 내에서라면 어떤 높이의 소리도 그 음정의 간격 즉 '음의 이동 거리'와 상관없이 노래할 수 있습니다.

하지만 노래할 때마다 음높이에 미묘한 차이가 생기기도 하고 두 번 다시 같은 느낌으로 재현할 수 없습니다. 여러분만의 멋진 멜로디가 머릿속에 떠올라도 그것을 자신 이외의 누군가에게 항상 100% 같은 느낌으로 전달할 수는 없습니다.

우리는 어릴 때부터 음정 간격의 구분이 확실한 피아노나 기타 등의 악기로 연주되는 음악을 들으며 무한한 소리의 세계에서 '계이름'이라는 규칙을 터득하고 이것을 기반으로 음을 사용하고 연주하는 방법을 학습해 왔습니다. 그래서 다음 페이지 악보 3-⑤의 숫자대로 피아노나 기타를 연주한다면 대부분의 사람은 그것을 '도레미파솔라시도'로 이해할 것입니다.

　이처럼 "굳이 의식하지 않아도 자연스럽게 계이름을 이해할 수 있는 감각"은 멜로디를 만들 때 매우 중요한데, '도레미파솔라시도', '도시라솔파미레도'와 같이 음을 순서대로 연주할 때 "계이름"을 이해한다는 것은 그 "음 사용법"이 하나의 '덩어리'로서 이미 우리의 잠재의식 속에 존재하고 있음을 의미합니다.

　그렇다면 여러분이 새롭게 만드는 '계이름 순서대로가 아닌 음 사용=멜로디'에 대해서도 '계이름'을 의식한다면 자연스럽게 정리된 느낌이 생기고, 결국 듣는 사람에게도 '의도대로 전달되는 것'으로 이어질 것입니다.

악보 3-⑤

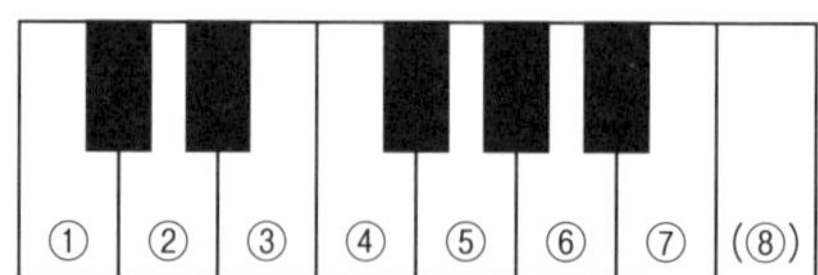

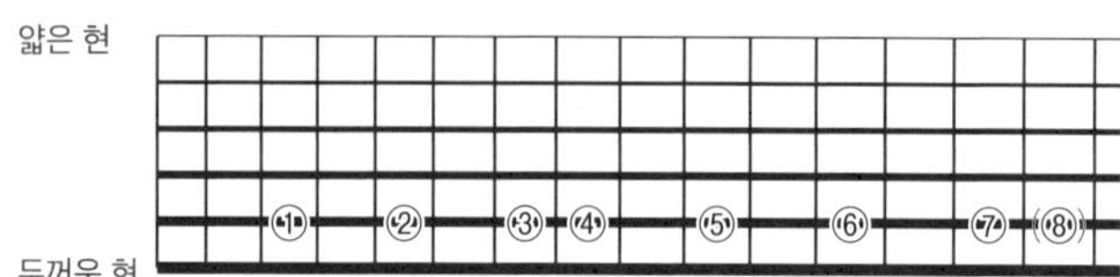

우리는 항상 '도'라는 음을 '도에서 도까지'와 같이 '특별한 기준'으로 생각합니다. 멜로디가 일단 '도' 이외의 어떤 음에서 다른 음으로 진행한다고 해도 최종적으로 음의 흐름이 '도'로 마무리되면 우리는 이것을 들으며 '마무리되는 느낌'과 '안정감'을 느낍니다.

그렇다면 '도'에서 '도'까지를 그저 왔다갔다 하기만 하는 음 사용이 어떤 의미에서는 계이름을 분명하게 알 수 있고 누구나 쉽게 기억할 수 있는 가장 강력한 "대박 나는" 멜로디의 기본형이라고 할 수 있습니다.

'도'에서 시작해서 '도'로 끝나는 8개의 음을 순서대로 왔다갔다 하다가 때로는 중간에서 되돌아가 보기도 하고 중간의 음을 생략하기도 하면서 자신이 지금 무슨 음을 연주(노래)하고 있는지 생각해 봅시다. 악기와 귀 모두로 '계이름'을 항상 파악할 수 있게 되면 이것을 시작으로 여러분만의 "멜로디 만들기"(자유로운 음 사용을 계이름으로 파악='도레미파솔라시도'의 자유로운 음 사용)에도 도전할 수 있게 될 것입니다.

'도'를 목표로 음의 '흐름'을 표현하자

앞에서 설명한 것과 같이 멜로디의 각 음을 마음속 또는 피아노나 기타 등의 악기로 연주하면서 계이름으로 파악하는 것은 멜로디를 자신 이외의 누군가에게 정확하게 전달하는 데 있어서 매우 중요합니다.

높이가 다른 '도'부터 높은 '도'까지의 8개의 음의 이름을 순서대로 왔다갔다 하면 '계이름'의 높낮이를 쉽게 파악할 수 있지만, 각 높이의 음을 '멜로디'로서 '자유로운 순서'로 배열하려는 순간 대부분 자신이 어떤 음 진행을 상상하고 있었는지조차 알 수 없는 패닉상태가 되어버리고, 결국 계이름으로 떠올리는 것조차 불가능해집니다.

이렇게 되면 모처럼 머릿속에 떠오른 소중한 멜로디의 단편들을 분명한 형태로 만들어 내겠다는 여러분의 꿈을 영원히 이룰 수 없을지도 모릅니다. '멜로디를 만들려고 해도 좀처럼 떠오르지 않는다.', '부분적으로는 계이름이 떠오르지만, 끝까지 완성하지는 못했다.'는 분들은 이 "멜로디의 계이름화"의 벽에 부딪힌 것입니다.

그럼 '도레미파솔라시도', '도시라솔파미레도'와 같이 '도'에서 '도'를 차례대로 오갈 때는 왜 계이름을 분명하게 느낄 수 있을까요? 만약 그 이유나 법칙을 발견할 수 있다면 그것을 그대로 자신의 멜로디 만들기에 반영해서 더 확실하게 정리된 느낌으로 '계이름을 파악할 수 있는' 멜로디를 만들 수 있게 되는데, 이를 위한 키워드가 바로 3-4의 제목인 "어떻게 시작하고 어떻게 끝나는가?"입니다.

3-5 멜로디의 리듬에 규칙성을 부여하자

멜로디를 만들 때 '도'에서(또는 다른 음에서) '도'로 향하는 음의 흐름을 표현하는 '음의 순서'도 물론 중요하지만, 이 책에서 여러분께 설명하는 "대박 나는" 작곡이라는 관점에서 보면 더 중요한 것이 있습니다. 그것은 바로 음 사용법 이전에 반드시 생각해야 할 멜로디의 토대이자 '생명'인 "리듬"입니다.

영화『사운드 오브 뮤직』의 OST 중 한 곡인 「도레미 송」의 멜로디를 기억하시나요? 이 곡은 전 세계에서 모르는 사람이 없는 불후의 명곡으로 수많은 이들에게 사랑받고 있습니다.

단순한 멜로디가 반복되며 사랑스러운 느낌을 주는 이 곡의 위대함은 멜로디가 갖는 리듬의 "규칙성"에 있습니다.

곡이 단순하고 반복되는 부분이 많으면 자칫 듣는 사람이 금방 싫증 내는 경우가 있는데, 「도레미 송」에서는 시작 부분과 아주 조금 다른 리듬의 "전개의 차이=규칙성"을 통해 멜로디의 '단순함'과 '반복성'의 효과를 극대화하고 있습니다. 듣는 사람이 싫증 나지 않게 새로운 자극을 주는 것에 성공한 것입니다.

단순한 반복에 효과적인 "규칙성"을 추가하자

악보 3-⑥

포인트 ① a.와 b. 두 가지 리듬의 조합으로 되어 있다 = 기억하기 쉽다

포인트 ② a.와 b. 시작은 같지만, 후반부는 다른 형태로 되어 있다 = 싫증 나지 않는다

제1장과 2장에서 이야기한 '만족감'과 '좋은 리듬'을 바탕으로 앞에서 살펴본 '자유로운 음 사용법(음의 계이름화)'으로 만들어낸 음열을 다시 한번 마음속이나 악기로 연주해 봅시다. 만약 그 멜로디(혹은 그 단편)의 느낌이 희미하고 기억하기 어렵다면 그것은 '소리의 순서=음 사용법' 때문이 아니라 "음을 연주하는 타이밍=멜로디 자체가 갖는 리듬"의 문제일 수 있습니다.

만약 여러분의 멜로디를 듣는 사람이 싫증 나지 않게 전하고 싶다면, 그 리듬에 '변화'나 '전개'라는 이름의 "규칙성"을 추가해 봅시다. 하지만 그 전에 멜로디를 듣는 사람에게 정확하게 기억시키기 위해서라도 자신이 만든 멜로디의 리듬에서 "단순한 반복"이 효과적으로 사용되고 있는지 항상 확인합시다.

3-6 멜로디를 호흡에 맞는 길이로 만들자

멜로디의 '리듬'은 음을 연주하는 '타이밍'과 그 음표가 가진 '길이' 두 가지로 이루어져 있습니다.

우리는 멜로디를 만들 때 리듬을 연주하는 '타이밍' 뿐만 아니라 각 음의 '길이'도 함께 생각해야 합니다.

사람의 목소리는 한 번에 낼 수 있는 음의 길이와 개수에 한계가 있기 때문에 이것을 염두에 두고 작곡하면 멜로디 자체가 갖는 리듬이 인간의 호흡에 적당한 '길이'가 되고, 반대로 이것을 무시하고 작곡을 하면 듣는 사람에게 기악적이거나 인공적인 느낌을 주게 됩니다.

어찌 되었든 멜로디를 만든 여러분 자신이 기분 좋게 느낄 수 없는 멜로디를 다른 누군가가 기분 좋게 느끼는 것은 불가능할 것입니다. 잘하지 않아도 괜찮습니다. 먼저 여러분 자신이 그 멜로디를 악기나 목소리, 마음으로 누구보다 기분 좋게 연주하고 노래할 수 있게 노력한다면 그 '길이'의 감각을 바탕으로 단지 음의 나열에 불과했던 멜로디가 듣기 좋은 길이를 가진 자연스러운 흐름으로 바뀔 것입니다. 이와 같은 음의 '높낮이'나 '균형'을 항상 의식한다면 아무리 긴 곡이라도 듣는 사람이 싫증 나지 않게 여러분의 멋진 멜로디를 전할 수 있게 될 것입니다.

"대박 나는" 멜로디에는 인간의 "호흡"이 깃들어 있다

하단 악보 3-⑦은 앞에서 살펴본 「도레미 송」의 시작 부분에서 이어지는 후반부 멜로디입니다. 55p의 악보 3-⑥부터 이어지는 전체적인 흐름과 함께 '멜로디의 리듬'에 주목하면 우리의 목표인 "대박 나는" 작곡의 꿈을 실현하기 위해 필요한 중요한 비결이 보일 것입니다.

여러분이 만든 멜로디를 누군가가 노래하는 모습을 상상한다면 멜로디를 기분 좋게 부르는 모습과 괴로워하며 부르는 모습 중에 어떤 것을 원하십니까?

만약 여러분이 「도레미 송」을 부를 때 '기분 좋음'이나 '불쾌함'을 느낀다면 그 원인은 무엇일까요?

「도레미 송」을 처음부터 1절 끝까지 부른 후에 우리가 느낄 수 있는 극적인 해방감과 자유 뒤에 숨겨진 음의 "길이"의 구조를 반드시 기억해 둡시다.

악보 3-⑦

3-7 말의 힘을 빌리자

　인간의 목소리를 전제로 만든 곡은 가사의 내용도 멜로디에 큰 영향을 미칩니다. 진심으로 하고 싶은 말들을 가사로 만들기 시작한 순간 단순하게 만들 생각이었던 멜로디가 의욕에 넘친 나머지 장황해질 때도 있을 것입니다.

　그럴 때는 평소에는 사용하지 않을 것 같은 우리말을 넣어 보거나, 떠오르는 대로 일단 편하게 소리 내서 부르다 보면 신선한 아이디어와 한결 정리된 멜로디가 머릿속에 떠오를 것입니다. 일단 이렇게 '랄랄라~'나 '딴딴딴~'과 같은 콧노래를 불러보는 것만으로도 상상하던 멜로디를 형태화할 수 있는 감각을 익히게 될 것입니다.

　말이 가진 "리듬"의 힘을 빌려서 몇 번이라도 반복해서 부를 수 있는 주옥같은 멜로디를 만들어서 연주(노래)해 보고, 여러분의 마음과 몸과 머리, 그리고 녹음 기기에 잘 남겨 둡시다.

'말'을 노래하는 것만으로 멜로디를 만드는 능력이 향상된다

멜로디가 갖는 음의 '길이'를 의식하면 긴 호흡이나 숨쉬기 같은 멜로디를 노래할 때의 자연스러운 느낌을 표현할 수 있는데, 이것을 더 발전시키다 보면 '가사', 즉 '말의 힘'을 어떻게 활용하는가가 멜로디를 만들 때 매우 중요한 기술이라는 것을 깨닫게 될 것입니다.

세상에 '사랑해'라는 말이 담긴 가사는 수없이 많지만, 멜로디는 각각의 곡에 어울리는 전혀 다른 형태로 되어 있을 것입니다.

만약 여러분이 100가지의 '사랑해'라는 멜로디를 알고 있다면 101번째의 '사랑해'라는 멜로디를 만들어 봅시다. 그 멜로디는 아마 "듣는 사람을 감동하게 하는=대박 나는" 멜로디가 될 것입니다. 그리고 '사랑해'라는 말 이외에도 세상에 존재하는 모든 말들에게 "가사"로서 멜로디에 담겨 '노래 불릴' 기회를 줘 봅시다.

오 마이 컴퓨터~♪ 너의 전원은~ 어~디~♪

이와 같이 가사치고는 엉뚱하고 말이 안 되는 내용도 멜로디에 어울리는 "리듬감"만 표현할 수 있다면, 말의 의미와 상관없이 충분히 음악적으로 느껴지는 '음의 덩어리'를 만들 수 있습니다.

만약 마음속에 노래할 말이 떠오르지 않는다면 최근에 읽은 책이나 잡지, 인터넷상의 단어들을 그대로 사용해도 됩니다. 일단 짧은 말의 나열을 '나라면 어떻게 노래할까?'라고 상상하는 것부터 시작해 봅시다.

멜로디에는 언제나 '상행/하행/반복'의 세 가지 선택지가 있다

멜로디의 '리듬'은 단순한 반복과 '규칙성' 있는 변화를 가진 것이 좋다고 말씀드렸는데, '음정'의 경우에는 '상행', '하행', '(같은 음정의)반복'의 세 가지 방향성 중에서 얼마나 단순하면서도 반복적인 규칙성을 조합하고 표현할 수 있는지가 중요합니다.

하행 + 하행 + 하행

상행 + 상행 + 상행

상행 + 하행 + 상행

반복 + 하행 + 상행

위의 음정 흐름을 상황별로 조합하면 각각의 멜로디가 듣는 사람에게 어떤 느낌을 줄까요? 또 '상행', '하행', '반복' 중 어떤 움직임이 곡의 클라이맥스의 분위기를 고조시키는 데 가장 적합할까요?

평소에 대화나 곡의 멜로디에 대해 그저 지루한 내용을 일방적으로 늘어놓지 않고 분위기를 고조시킬 수 있는 '전개 방법'을 생각해 보거나 마무리를 확실하게 한다면 듣는 사람을 위한 배려가 될 것입니다.

여러분이 만든 멜로디가 몇 번을 들어도 또 듣고 싶은 "대박 나는" 멜로디가 되도록 '상행', '하행', '반복'이라는 "음정의 방향성에 관한 세 가지 선택지" 중에서 마음에 드는 조합을 찾아서 표현해 봅시다.

오르락내리락하며 "곡의 분위기를 고조시킬 수 있다"는 것이 멜로디의 장점이다

여러분의 머릿속에 떠오르는 자유로운 리듬(또는 말)에 맞춰 '도레미파솔라시도' 중 한 음에서 다음 음으로 자유롭게 음정을 넘나드는 것이 결국 멜로디 만들기의 전부라고 할 수 있습니다. 명 MC는 토크를 '대사'가 아닌 "흐름"으로 인식한다고 하는데, 작곡도 마찬가지입니다.

멜로디가 가진 리듬의 요소 중에는 '타이밍'이나 '길이' 등의 이상적인 모습이 존재하는데, 멜로디가 가진 '음정'의 세계에도 어떤 음에서 다음 음으로 연결될 때 어떻게 움직여야 보다 "대박 나는" 멜로디가 되는지에 관한 분명한 구조가 존재합니다. 그것은 우리가 가진 생명체로서의 '자연스러운 감각'을 '음악적 구조'로 대체한 것이라고 할 수 있는데, 우리가 멜로디의 음의 흐름을 아무리 자유롭게 만들었다고 해도 그 음의 진행=음정은 반드시 '(높은 음으로)상행', '(낮은 음으로)하행' 그리고 '(같은 음을)반복'하는 단 '세 가지'로 제한됩니다.

결국 우리가 멜로디를 만들 때 생각해야 할 음정에 관한 아이디어는 언제나 "올라갈까, 내려갈까, 아니면 같은 음을 반복할까?"라는 세 가지 선택지밖에 없습니다.

3-9 멜로디의 "순차진행"과 "도약진행"

멜로디의 음의 이동을 '상행', '하행', '반복'의 세 가지 움직임으로 이해했다면 더 나아가 '이동 거리'를 생각해 보는 것으로 더 섬세하고 임팩트 있는 드라마틱한 전개를 표현할 수 있습니다.

소리의 '이동 거리'에는 '바로 옆으로', '한 개 건너뛰기', '두 개 건너뛰기'의 세 가지, 즉 '가까이 이동하는 것'이 있는데, 그 이상의 거리를 한 방향으로 단숨에 도약하는 소리의 움직임은 모두 '멀리 이동한 것'으로 생각합니다. 이것은 무한한 움직임을 가진 멜로디의 세계에 일정한 질서와 구조를 갖게 하는 것으로 "대박 나는 흐름"을 만드는 것입니다.

만약 여러분이 여행을 떠난다면 그 목적지가 지금 있는 곳에서 가까운지, 먼지에 따라 그 여정이 달라질 것이고, 여러분이 암벽등반이나 번지점프 등의 익스트림 스포츠에 도전한다면 그 '도약의 간격'이 크면 클수록 보는 사람들이 받는 임팩트도 클 것입니다.

이처럼 여러분이 만드는 멜로디를 듣는 사람에게 더 인상 깊고 임팩트가 큰 "대박 나는" 것으로 만들고 싶다면 특히 음정의 "이동 거리"에 대한 질서와 간격의 구조를 대담하게 표현하는 것이 좋습니다.

멜로디를 대담하게 "도약"시키자

같은 음을 반복해서 노래하거나 연주할 때는 음정의 변화가 없기 때문에 '타이밍+음의 길이=리듬'만 생각하면 되지만, 어떤 음부터 어떤 음까지를 상하행할 때는 '어느 정도의 간격으로 상하행할 것인가?'라는 새로운 선택지가 생깁니다. '음정=음의 이동 거리'의 가능성과 그 선택지를 시각적으로 정리한 악보 3-⑧을 살펴봅시다.

악보 3-⑧

이와 같이 '도레미파솔라시도'로 상승하는 한 덩어리의 음의 흐름 속에는 모두 8가지의 '음의 이동 거리'가 존재합니다.

그럼, 언제 어떤 타이밍에 연주해야 할까요? '상행', '하행', '반복'의 세 가지 음의 움직임을 의식하며 8가지 음의 이동 거리 각각의 느낌의 차이를 모두 파악하고 잘 다룰 수 있다면 가장 좋겠지만, 그 모든 느낌을 제대로 파악하려면 그 전에 몇 가지 단계를 거쳐야 합니다.

　그 단계란 8가지의 이동 거리를 각각 '멀다' 또는 '가깝다' 두 가지로 분류한 후에 '조금 멀다'나 '조금 가깝다'와 같은 관점에서 더 자세한 음정을 파악하는 것입니다.

　앞 페이지 악보 3-⑧에서의 과정과 '도시라솔파미레도'로 하행하는 음의 배열을 추가한 것이 악보 3-⑨인데, 이 방법을 바탕으로 매일 시행착오를 거듭하다 보면 여러분 나름의 "음의 이동 거리"에 대한 최고의 감각을 손에 넣게 될 것입니다.

악보 3-⑨

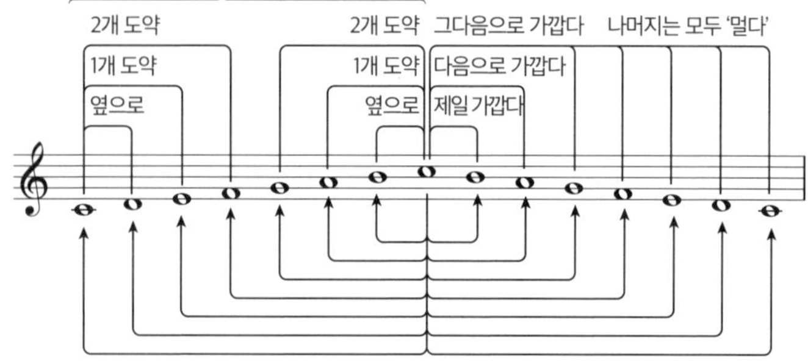

3-10 음의 고저를 컨트롤하자

우리는 평소에 작곡을 '아무것도 없는 백지상태에서', '내면으로부터', '자연스럽게', '새로운 무언가를 만들어내는' 행위라고 생각합니다. 하지만 듣는 사람에게 "대박 나는" 곡을 만들려면 상대방의 기준에서 이상적인 균형이나 곡의 상태를 이해하고 전달할 수 있어야 합니다.

'각각 다른 높이를 가진 8개의 음을 어떻게 사용하면 듣는 사람에게 "대박 날" 것인가?'와 같은 지금까지의 의문에 대한 해답을 얻고 싶다면, 여러분이 과거에 좋아했던 곡의 멜로디에 담긴 음정의 진행과 구조에 대해서 깊이 '분석'해 볼 필요가 있습니다. 그리고 그것들을 하나라도 더 많이 자신의 곡에 응용해 보는 '경험'을 쌓아 보아야 합니다.

아티스트가 다른 사람의 명곡을 커버하는 것도 이와 같은 분석과 경험의 일환이라고 할 수 있는데, 이것은 자신에게는 없는 다른 사람의 곡에 담긴 음악적인 장점을 자기 것으로 소화해서 음악에 녹여 내려는 시도라고 할 수 있습니다.

그 예로 지금까지 살펴본 명곡들의 멜로디에 담긴 음정을 분석해서 수록해(68p의 악보 3-⑩) 두었으니 꼭 살펴보시기를 바랍니다. 평소에 여러분이 사랑하는 명곡들을 곡의 "구조"를 의식하면서 자주 들으면서 작곡하다 보면 멜로디를 만들 때 어떤 음의 높낮이도 의도적으로 컨트롤할 수 있는 "대박 나는 감성"이 여러분의 마음속에도 자라날 것입니다.

명곡의 멜로디에서 "구조"를 배우자

멜로디가 가진 '음정'의 움직임에 대한 '상행', '하행', '반복'과 같은 이동의 '방향'과 '가깝게=순차', '멀게=도약'과 같은 이동의 '거리' 각각을 의도적으로 컨트롤하면, 상상대로의 멜로디를 듣는 사람에게 더 멋지게 선사할 수 있게 됩니다. 그러나 그런 '구조'는 누구나 쉽게 이해하고 잘 다룰 수 있는 만만한 것이 아닙니다.

머릿속에 떠오르는 계이름을 파악한 다음 '단순함'과 '반복'을 의식하면서 거기에 '규칙성'이라는 이름의 변화가 있는 전개를 부여하고, 곡의 밑바탕에 흐르는 리듬과 함께 멜로디로서의 '리듬'과 '음정' 각각의 세계에 반영시키는…….

읽는 것만으로도 매우 복잡한 이와 같은 작업을 계산이 아닌 감각적으로 할 수 있으려면 평소에 연습과 훈련이 필요한데, 그 구조를 말로 설명할 수는 없더라도 '컨트롤하는 방법'에 대한 훈련을 꾸준히 거듭하면 충분히 가능해질 것입니다.

제3장에서는 제가 여러분께 추천하고 싶은 가장 음악적이고 효과적인 방법을 소개한 것이나 마찬가지입니다.

「Happy Birthday to You」

「도레미 송」

같은 구조를 사용한 채
음만 점점 상행…
단번에 음정, 리듬과 함께
다른 모양으로 변화!
지금까지 중 가장 먼 거리의 음정 간격으로 상행,
같은 모양으로 하행(리듬의 호흡이 길어짐)
섬세한 음정 간격을 섬세한 리듬에 얹어서
섬세하게 오르내리는 지금까지 없었던 형태
하행
또 하행
(지금까지 중 가장 호흡이 긴 음표 길이와
하행만으로 끝나지 않고
상행으로 마무리
하행
단숨에 상승!
곡 중에서
가장 높은 음!
'도'로 골인!
프레이즈 자체의 길이)
(지금까지 중 가장 호흡이 긴 음표 길이와 프레이즈 자체의 길이)

3-11 좋은 멜로디란 무엇인가?

여러분이 작곡한 곡의 멜로디가 듣는 사람에게 "대박 나기" 위해서는 일단 그 멜로디를 듣는 사람이 '기억해 주어야' 하고, 어떻게 하면 최대한 싫증 나지 않게 전달할 수 있을지 그 구조를 파악해야 한다고 거듭 강조했습니다. 그럼, 지금까지 살펴본 멜로디가 가진 '리듬'과 '음정'의 요소를 통해 어떻게 하면 좀 더 "기억하기 쉽고 싫증 나지 않는" 멜로디를 만들 수 있는지 다시 한번 정리해 봅시다.

【기억하기 쉬운 곡】

리듬 → '단순', '반복'

음정 → '직접 불러본다', '말의 힘', '계이름', '마무리하는 느낌의 도',

'세 가지 단순한 반복', '도약시키기'

【싫증 나지 않는 곡】

리듬 → '규칙성(변화와 전개)', '음의 길이', '말의 힘'

음정 → '세 가지 전개와 균형', '순차와 도약에 의한 균형과 규칙성'

그리고 이 키워드들과 함께 우리가 궁극적으로 지향해야 할 멜로디의 "이상적인 모습"을 제 말로 표현하면 다음 페이지와 같습니다.

리듬과 음정의 "구조"를 듣는 사람이 "눈치채지 못하게" 할 것

'사계', '운명', '혹성' 등의 상징적인 이미지를 떠오르게 하는 멜로디나 가사가 없어도 '열정'이나 '환희' 또는 '애틋함'이나 '자애'를 느끼게 하는 멜로디⋯. 어쩌면 우리의 생명과 목소리는 그런 음의 연속을 '작곡'하라고 주어진 것일지도 모릅니다.

저는 좋은 멜로디=선율이란 어떤 정경이나 느낌이 떠오르게 하는 것이라고 생각합니다(그렇기 때문에 그 씨앗인 '구조'를 가능한 한 듣는 사람이 눈치채지 못하는 것이 좋습니다).

인류가 말을 사용하기 훨씬 전부터 이 세상에는 온갖 소리로 넘쳐났는데, 우리는 이 세상에 태어나는 순간부터 삶의 시작을 알리듯 목청껏 울면서 자신의 존재를 세상에 각인시켰습니다. 그리고 자라면서 서서히 '말'을 익혀가던 우리에게 '말 없는 말'인 멜로디를 만들려는 욕구가 생겼는데, 그것은 결국 말이기 때문에 호흡과 생명력이 있고 반복되는 느낌은 어쩐지 친숙하기까지 합니다.

'말 없는 말'인 멜로디의 각 '요소'를 가장 여러분답게 배열, 전개하고 그 의도를 듣는 사람에게 제대로 전달할 수 있도록 "균형적인 음의 움직임=멜로디"를 날마다 활기차게 노래와 연주로 이어가시기를 바랍니다.

음악이나 악기에 설정된 절대적인 음의 높이(=피치)를 음악 용어로 '절대 음'이라고 하고 각 계이름을 '절대음고'라고 하는데, 대중음악 작곡가는 이것을 보통 A부터 G까지의 알파벳으로 나타냅니다(참고로 이 절대적인 음의 높이를 바로 알아들을 수 있는 능력을 '절대음감'이라고 합니다).

이에 반해 멜로디 전체의 흐름 속에서 각 음의 높이가 계이름 중 어느 음인지를(절대음고와 무관하게) 알아들을 수 있는 능력을 '상대음감'이라고 하고, 이때의 계이름을 '상대음고'라고 합니다(제3장에서 살펴본 '계이름'을 파악하는 것은 이 개념입니다).

악보 3-⑪

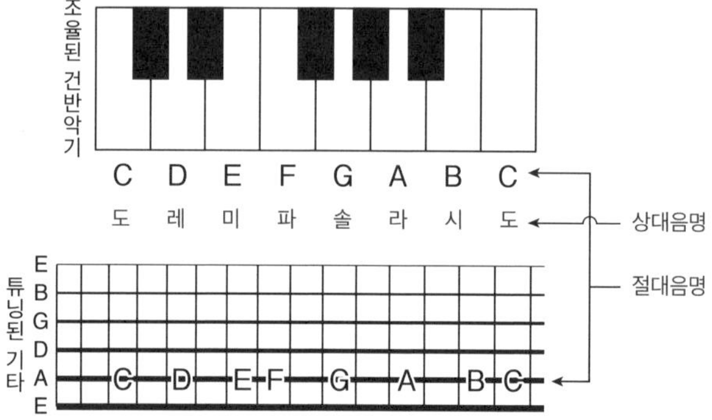

과거에 수많은 학자가 어떤 음의 흐름을 '도레미파솔라시도'로 파악하는 배경에 숨겨진 '구조'를 그 모습을 본떠서 '음계' 또는 '스케일'이라고 부르고, 임의의 간격을 설정해서 각 음계와 스케일이 갖는 명(메이저)암(마이너)의 느낌을 설명했습니다.

하지만 우리가 듣는 사람에게 "대박 나는" 멜로디를 작곡할 때는 그런 구조를 의식하기 이전에 스스로 노래하는 쾌감이나 연주하는 기쁨을 느끼면서 더 자연스러운 선율을 만드는 것이 훨씬 중요합니다.

그리고 우리가 그 멜로디를 "듣기 좋고 매력적"인 '음의 흐름의 구조'로 감각적으로 만들려면 기분 좋게 노래하고 연주할 수 있는 "키(Key) 설정"이 매우 중요합니다.

악보 3-⑫

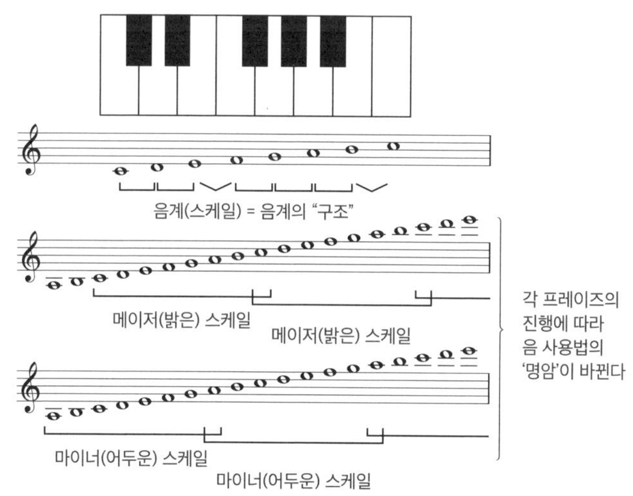

우리가 노래방에서 키가 맞지 않는다고 해서 곡 자체의 음높이(=절대적인 음의 흐름의 구조)를 변경해도 곡의 멜로디(=상대적인 음의 흐름의 구조)가 바뀌지 않는 것처럼, '음의 흐름의 구조', 즉 어떤 절대 음을 '기준'으로 노래할지는 '자유롭게' 바꿀 수 있습니다.

'도레미파솔라시도'라는 간격을 가진 8개의 음의 덩어리 중 임의의 음을 흐름의 핵심이라고 할 수 있는 '으뜸음'이라고 하면 "키"를 다음과 같이 정의할 수 있습니다.

8개의 음 중에서 '으뜸음'을
어느 '절대 음'으로 선택할지 결정하는 것

여러분과 듣는 사람 모두가 가장 편하게 연주하고 노래할 수 있는 '음의 흐름의 구조'가 우리가 목표로 하는 멜로디의 정체라면, 그 목표를 이루기 위해 설정하는 음계 또는 스케일의 '으뜸음'의 '절대적인 높이'가 작곡할 때 가장 중요한 "키(Key)"가 됩니다.

마지막으로 지금까지의 설명을 정리한 악보 3-⑬을 확인하시기를 바랍니다.

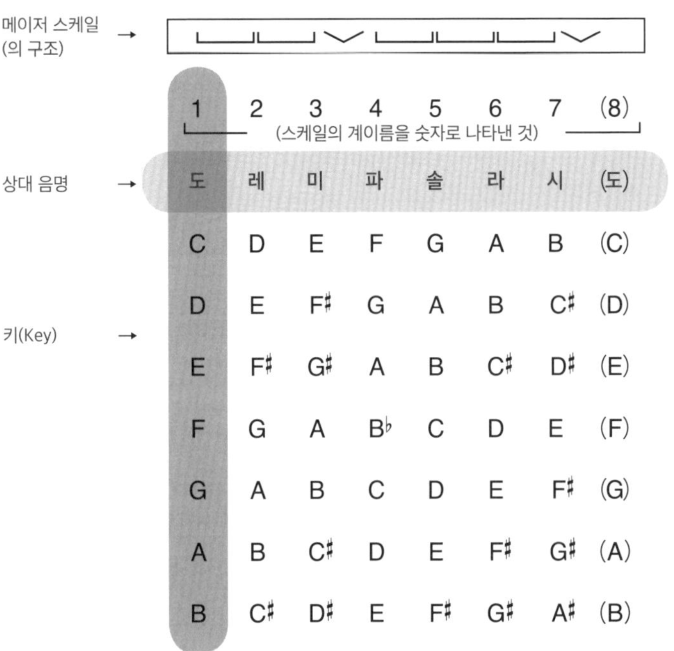

[7개의(메이저) 키 일람표]
메이저 스케일 (의 구조) →
1 2 3 4 5 6 7 (8)
(스케일의 계이름을 숫자로 나타낸 것)
상대 음명 →
도 레 미 파 솔 라 시 (도)
C D E F G A B (C)
D E F♯ G A B C♯ (D)
E F♯ G♯ A B C♯ D♯ (E)
F G A B♭ C D E (F)
G A B C D E F♯ (G)
A B C♯ D E F♯ G♯ (A)
B C♯ D♯ E F♯ G♯ A♯ (B)
키(Key) →

제 **4** 장

코드를 추가하자

곡의 메인 멜로디에 코러스 파트의 화음을 넣거나, 밴드 편성일 때 또는 혼자서 악기 연주와 노래를 동시에 하면서 반주해야 한다면, 우리는 여러 음을 동시에 연주하는 '화음'과 '코드' 등을 의식하며 연주에 임할 것입니다.

작곡에서 '코드'의 역할은 곡의 생명인 '리듬'과 함께 '멜로디'라는 이름의 얼굴을 지탱하는 몸 또는 메인 디쉬를 담기 위한 '그릇'과 같은 것입니다.

따라서 코드에 대해 잘 이해해 두면, 멜로디를 떠올리기 전에 먼저 "코드 진행"과 "전개 방법"이라는 '그릇=몸'에 새로운 멜로디를 '담는=얹는' 식의 작곡 방법도 시도해 볼 수 있고, 멜로디에 대해 떠오른 이미지대로 코드를 적용하는 것도 가능해집니다.

코드란 보통 높이가 다른 세 개의 음이 합쳐진 것(=3화음)을 의미하는데(여기에 음을 더 추가하거나 의도적으로 몇 개의 음을 생략하고 코드를 연주하기도 합니다), 각 코드의 이름을 '코드 네임'이라고 하고 코드의 기초가 되는 음(이 음을 '루트' 또는 '근음'이라고 합니다)의 절대음명으로 표기하는 것이 일반적입니다('절대음명'에 대해서는 제3장의 칼럼을 참고 하시기를 바랍니다).

그럼 "대박 나는" 작곡을 위해 코드와 코드 네임의 구조부터 살펴보도록 하겠습니다.

<구조>

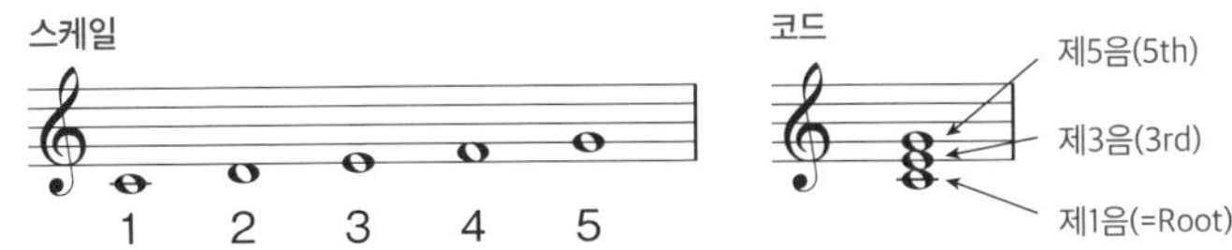

<적는 방법>

루트의 음을 절대음명(알파벳)으로 적는다

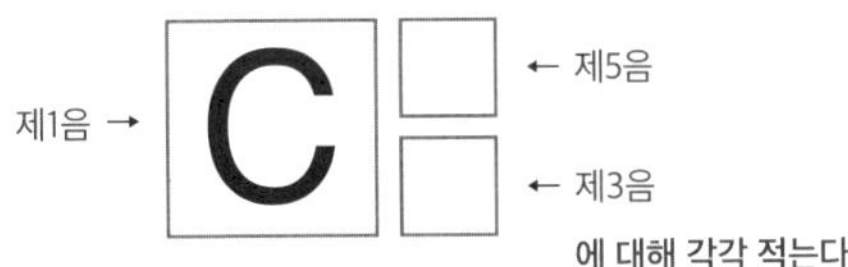

일부러 생략하는 경우가 많다
↓

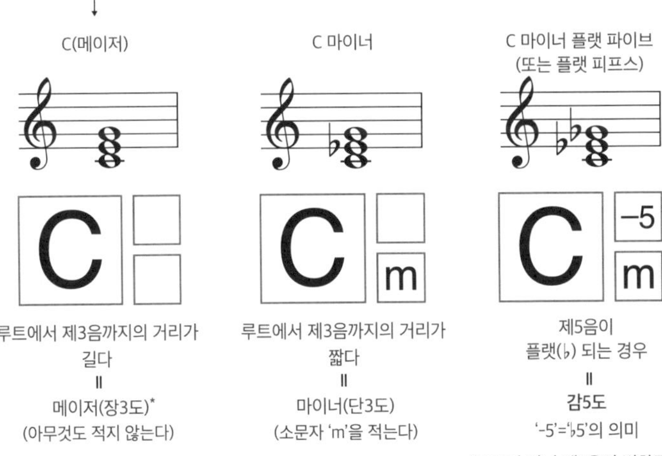

---

* 도   음정을 나타내는 단위.

코드는 멜로디를 지탱하는 '울림'이다

우리는 제3장을 통해 멜로디를 그저 마음대로 노래(연주)하는 것에서 그치지 않고 계이름, 스케일, 키 등의 지식을 적용해서 "대박 나는" 멜로디를 더 멋지게 만들 수 있다는 사실을 알게 되었습니다.

만약 그 지식과 감각을 코드를 다룰 때도 적용할 수 있다면 우리는 그동안의 경험을 헛되게 하지 않고 "대박 나는" 작곡의 폭을 넓힐 수 있게 될 것입니다. 이를 위한 방법을 요약하면 다음과 같습니다.

【코드를 지탱하는 기초가 되는 음】
= 코드의 '루트' 음
= 곡의 '베이스' 역할을 하는 음

코드의 구성음을 '단음인 베이스(루트) 음과 그 외의 음'으로 구분할 수 있게 되면 곡의 코드 진행을 '멜로디(=단음으로 연주하는 선율) 진행'으로 이해할 수 있게 됩니다(악보 4-① 참조).

악보 4-①

　제3장까지의 내용을 통해 여러분이 짧은 멜로디를 만들 수 있게 되었다면 이제 그 멜로디가 어떤 '베이스' 음으로 되어 있는지 생각하면서 악기 등으로 원하는 코드를 찾아봅시다.

　베이스 음은 보통 멜로디보다 낮은 음을 사용하는데, 멜로디를 만들 때와 마찬가지로 먼저 '도레미파솔라시도' 중에서 곡의 각 부분에 가장 잘 어울리는 베이스 음을 찾아봅시다. 만약 여러분이 원하는 베이스 음을 정확하게 찾지 못하더라도 멜로디의 각 음에서 '코드의 느낌을 바꾸고 싶은 타이밍'이 느껴질 것입니다(악보 4-② 참조).

　그것을 느낄 수 있게 되었다면 여러분은 드디어 곡의 "코드"를 만들 준비가 된 것입니다.

악보 4-②

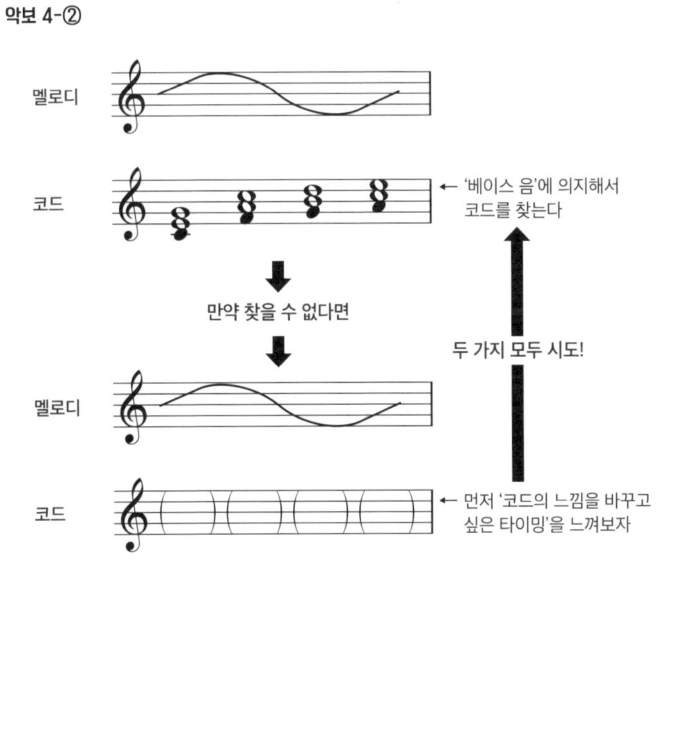

우리에게 가장 자연스러운 음 사용 방법(='음계' 또는 '스케일')을 통해 탄생한 '멜로디'가 있는 것처럼, 우리에게 가장 자연스러운 음 사용 방법을 통해 탄생한 '코드'도 이 세상에 존재합니다.

예를 들어 '도레미파솔라시도'라는 음계의 단음을 가장 자연스러운 형태로 코드화하면 악보 4-③과 같은데, 이와 같은 개념을 바탕으로 만들어진 코드와 그 집합체를 음악 용어로 '다이어토닉 코드'라고 합니다.

다이어토닉 코드는 각 코드가 만들어진 기원이 되는 음계의 구성음에서 중복되는 '도' 음을 제외한 7개가 있는데, 이것들은 음계로 작곡할 때 사용하는 기본적인 '색채'와 '퍼즐 조각' 같은 것입니다. 수많은 작곡가가 실제로 곡을 만들 때 이와 같이 애용하는 코드의 집합체가 존재한다는 사실을 잘 기억해 둡시다.

악보 4-③

다이어토닉 코드는 각 음을 사용할 때
가장 자연스러운 '7개의 울림'이다

앞에서 살펴본 7개의 화음의 공통점은 "'도레미파솔라시도' 이외의 음이 없다."는 것입니다. 즉 여러 음을 동시에 울리는 화음의 형태로 되어 있어도 멜로디를 우리에게 익숙한 '음계 구성음'으로 통일함으로써, 지금까지 익힌 감각은 그대로 유지하면서 멜로디를 작곡할 때와 같은 방법으로 "코드에 의한 작곡"을 할 수 있게 되는 것입니다.

코드의 구조를 이해하는 것이 중요하기는 하지만 결국 여러분이 코드를 작곡의 도구로 잘 사용할 수 있게 되는 것이 더 중요하기 때문에, 멜로디에 대해 '계이름화'를 시도한 것처럼 코드에 대해서도 항상 계이름을 의식하면서 각 '울림'을 이론이 아닌 '감각'으로 느낄 수 있도록 합시다.

그리고 다음 페이지의 악보 4-④를 보면서 모든 키에 대한 다이어토닉 코드를 피아노, 기타 등 자신이 익숙한 악기로 언제든지 편하게 연주할 수 있도록 연습해 둡시다.

메이저와 마이너, 그 외의 코드

‘7개의 (메이저)키의 다이어토닉 코드 일람표(악보 4-④ 참조)’는 제3장의 ‘7개의 (메이저)키 일람표’를 바탕으로 각 음 사용 방법을 다이어토닉 코드로 나타낸 것입니다. 작곡할 때 악기로 각 키를 연주해 봅시다.

각 코드가 가진 울림과 느낌의 차이를 들어보면 밝은 느낌의 ‘메이저’, 어두운 느낌의 ‘마이너’ 외에도 둘 다 아닌 것 같은 ‘다른’ 느낌의 코드도 있을 것입니다. 코드를 사용한 작곡을 잘하고 싶다면 각 코드의 울림의 차이를 잘 파악해 둡시다.

악보 4-④

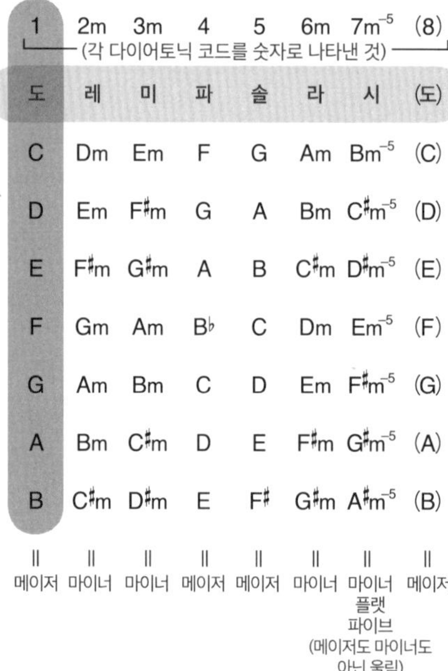

1	2m	3m	4	5	6m	7m⁻⁵	(8)
도	레	미	파	솔	라	시	(도)
C	Dm	Em	F	G	Am	Bm⁻⁵	(C)
D	Em	F♯m	G	A	Bm	C♯m⁻⁵	(D)
E	F♯m	G♯m	A	B	C♯m	D♯m⁻⁵	(E)
F	Gm	Am	B♭	C	Dm	Em⁻⁵	(F)
G	Am	Bm	C	D	Em	F♯m⁻⁵	(G)
A	Bm	C♯m	D	E	F♯m	G♯m⁻⁵	(A)
B	C♯m	D♯m	E	F♯	G♯m	A♯m⁻⁵	(B)

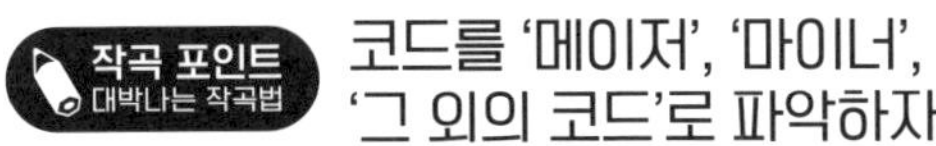

코드를 '메이저', '마이너', '그 외의 코드'로 파악하자

다이어토닉 코드만을 사용해서 작곡할 때 코드의 울림은 키의 높이와 관계없이 '메이저', '마이너', '마이너 플랫 파이브'의 세 종류뿐인데, 메이저와 마이너는 각각 세 개씩, 마이너 플랫 파이브는 하나밖에 없습니다. 즉 음계 구성음을 바탕으로 작곡할 때 의식해야 할 울림의 종류 대부분이 메이저 아니면 마이너이기 때문에, 가끔 이외의 울림을 가진 마이너 플랫 파이브를 섞는 정도가 음악적으로도 딱 좋은 "자연스러운=대박 나는 상태"인데, 여러분이 만든 멜로디에 코드를 붙일 때도 이와 같은 이론적인 지식이 큰 도움이 될 것입니다.

목소리나 악기로 멜로디를 연주하면서 각 부분에 필요한 코드를 무작정 찾지 말고, 자신이 원하는 코드의 울림이 메이저인지, 마이너인지(또는 그 외의 코드인지) 느낌의 차이를 잘 구분해 봅시다. 이렇게 자신의 의도와 가장 가까운 울림을 다이어토닉 코드 중에서 하나씩 찾는 과정을 거치다 보면, 확신을 갖고 원하는 코드를 선택할 수 있게 될 것입니다.

이 과정을 더욱 확실하게 하기 위해서는 우선 코드를 찾으려고 하는 멜로디의 키를 정확히 알아야 합니다. 키가 분명한 멜로디에 대해서 다이어토닉 코드의 모든 가능성을 대입해 보았지만, 어느 코드의 울림도 잘 맞지 않는 것 같고 확신이 서지 않는다면, 자신이 원하는 울림이 '다이어토닉 코드 이외의 가능성'을 가진 코드일 수도 있습니다(다이어토닉 코드 이외의 코드에 대해서는 이후에 차차 설명하겠습니다).

【코드의 구조】
코드는 세 개 이상의 음의 조합이다

기타나 피아노 등의 악기로 '도'와 '미' 음을 동시에 치면서 반주한다고 합시다. 그 두 음을 그저 계속 연주하는 것만으로는 듣는 사람이 그것이 무슨 코드인지 알 수 없습니다.

만약 베이스가 '라' 음이라면 코드 구성음이 '라', '도+미'인 Am 코드가 될 것이고, '라' 다음에 '도' 음이라면 '도', '도+미'가 되기 때문에 구성음이 '도미솔'인 C 코드의 '솔'을 생략한 것으로도 생각할 수 있습니다(악보 4-⑤ 참조).

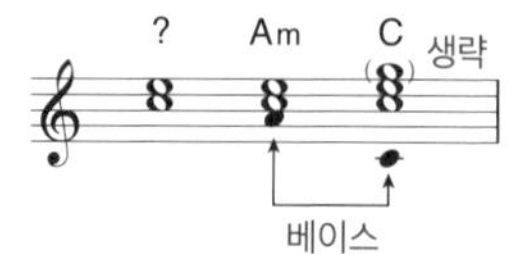
악보 4-⑤

또 코드의 제3음을 생략해서 일부러 메이저인지 마이너인지 모호하게 한 상태에서('도+솔'), 나중에 멜로디에 제3음에 해당하는 음('미' 또는 '미♭')을 추가하여 코드의 느낌을 조금 늦게 표현하는 음악적인 테크닉도 생각할 수 있습니다(악보 4-⑥ 참조). 이와 같이 코드를 각각 '어떤 음으로 되어 있는가?'라는 관점에서 구성음을 중심으로 생각하다 보면, 새로운 음악적 발상이 떠오를 것입니다.

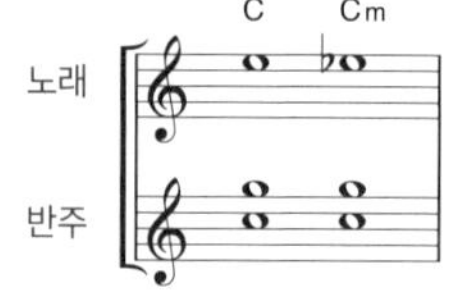
악보 4-⑥

'멜로디', '베이스 음', '이 외의 화음'의 구성음을 모두 파악해 두자

코드 네임인 C를 '도미솔로 이루어진 화음'으로만 생각하면 '도미솔', '미솔도', '솔도미' 화음은 모두 C 코드가 됩니다.

그러나 '베이스=코드의 루트 음'이라는 관점에서 생각해 보면 '도미솔', '미솔도', '솔도미'는 각각 '도+미솔', '미+솔도', '솔+도미'이기 때문에 '모두 다른 코드가 아닌가?' 하는 의문을 품게 됩니다(악보 4-⑦).

악보 4-⑦

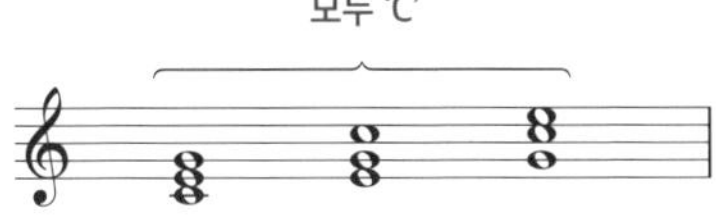

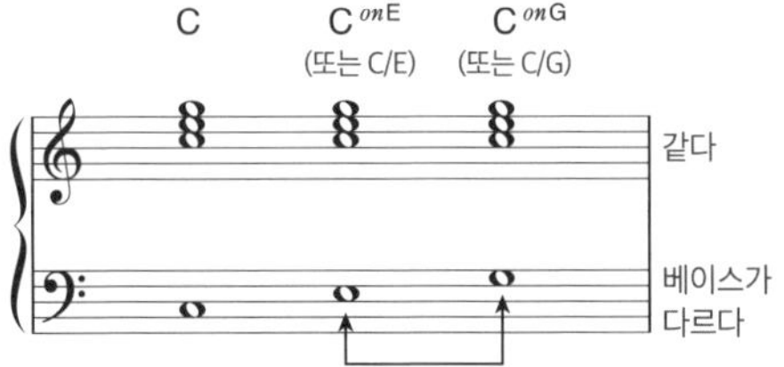

이와 같은 코드를 '온 코드' 또는 '분수 코드'라고 하며,
C on E, C/E 등으로 표기한 것을 "씨 온 이"라고 읽는다

이와 같이 코드의 세계에서는 항상 '전체의 울림'과 '베이스의 움직임'이라는 두 가지 관점에서 각각 "대박 나는" 구조를 생각해야 하는데, 이것을 이해하려면 각 코드의 '구성음' 모두를 제대로 파악해 두어야 합니다.

작곡할 때 코드 구성음을 고려한 경우와 그렇지 않은 경우의 차이에 대한 예를 수록해 두었으니, 참고하시기를 바랍니다(악보 4-⑧).

악보 4-⑧

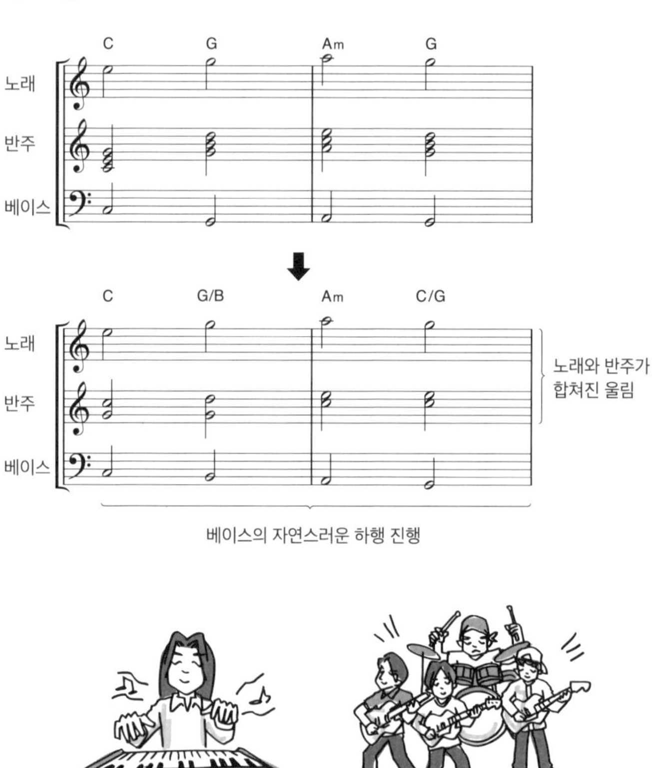

【코드의 진행】
곡 만들기의 기본은 '세 가지 코드'

제4장에서는 지금까지 멜로디를 작곡할 때의 기본이 되는 음계 구성음, 즉 '도레미파솔라시도'를 바탕으로 코드에 대해 살펴보았습니다.

우리는 어떤 곡의 첫 번째 코드가 들리면 무의식적으로 각 구성음이 무엇인지 들으려고 하고, 두 번째 이후의 코드 역시 모든 구성음을 들으려고 합니다.

작곡자나 듣는 사람 모두 음계 구성음에 익숙하기 때문에 멜로디에 대한 접근방식과 마찬가지로 코드로 연주되는 화음에 대해서도 한 덩어리로 파악하기보다는, 항상 '도레미파솔라시도'라는 개별 음으로 인식해야 안심이 되는 것입니다.

음계 구성음이 아닌 덩어리로 되어 있는 코드를 듣는 사람에게 전달하려면, 적어도 '세 개의 엄선된 코드', 즉 '세 가지 코드'를 하나의 '진행'으로 인식할 수 있어야 합니다.

듣는 사람의 만족감이 "대박 나기 위한" 전제 조건이라면, 바로 이 "세 가지 코드"야말로 가장 단순하면서도 강력한 "대박 나는" 작곡법의 핵심 기술이라고 할 수 있습니다(그 증거로 명곡이라고 불리는 곡들에는 '반드시'라고 말해도 좋을 만큼 이 '세 가지 코드'에 의한 진행이 많이 포함되어 있습니다).

또 하단 악보 4-⑨와 같이 메이저 코드와 마이너 코드를 의도적으로 '같은 울림을 가진 코드를 한 세트로 하는 세 가지 코드'로 인식하면, '같은 음계 구성음을 이용한 코드의 집합체인데도 전혀 다른 느낌의 코드 진행'을 만들 수 있게 됩니다.

악보 4-⑨

즉 계이름을 이용해서 음을 사용(=음계 또는 스케일)할 때도 메이저와 마이너를 의식했던 것처럼, 코드 진행 시에도 그 '조합법'을 인식하면 밝은 느낌과 어두운 느낌을 자유롭게 표현할 수 있게 될 뿐만 아니라 더 음악적이면서도 여러분의 의도대로 작곡할 수 있게 됩니다.

세 가지 코드는 듣는 사람의 마음을 '풍부한 울림'으로 가득 채운다

세상에는 '코드가 하나밖에 없는 곡'도 존재하는데, 이와 같은 원 코드(One Chord) 곡들은 보통 '코드 이외의 리듬이나 멜로디를 강조하는 형식'으로 구성되어 있습니다.

그러나 우리가 평소에 듣는 일반적인 곡에서는 최소한 '세 개(또는 그 이상)의 코드'가 사용되는 것이 보통이기 때문에 의도적으로 두 개의 코드만으로 곡을 만들어 보려고 해도 왠지 모르게 허전함이 느껴지고 만족스럽지 않을 것입니다.

악보 4-⑩

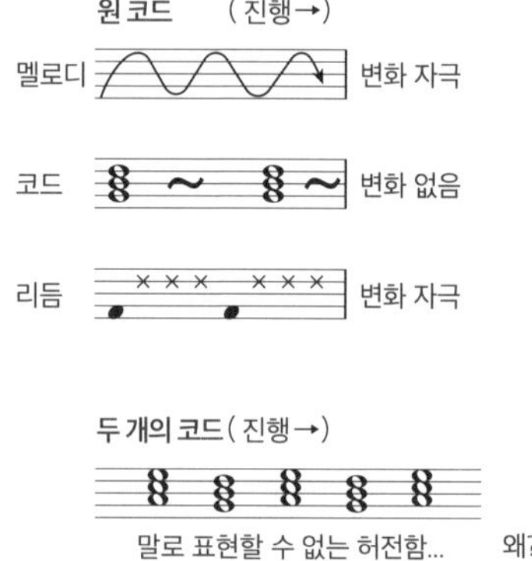

예전부터 뮤지션들 사이에서는 '음악의 기본은 세 가지 코드'라 는 말이 상식이었는데, 과연 몇 명의 뮤지션이 '왜 음악의 기본이 세 가지 코드인가?'라는 질문에 대해 구체적으로 대답할 수 있을까요?

지금까지 다양한 관점에서 리듬과 멜로디, 코드에 대해 살펴보았 는데 위의 질문에 대한 해답은 이 책을 끝까지 읽다 보면 찾게 될 것 입니다.

【코드의 진행】
'메이저', '마이너', '그 외의 코드'의 조화

4-5에서 '세 가지 코드가 우리에게 만족감을 준다'고 했는데, 이번에는 더 나아가 각 코드를 더 "대박 나게" 진행하려면 어떻게 해야 할지 생각해 봅시다.

"대박 나는" 코드 진행의 비결은 '맑음, 때때로 흐림, 곳에 따라 소나기'

맑음은 메이저 코드이고, 이것이 때때로 흐린 날씨로 바뀌는 것이 마이너 코드입니다. 그리고 곳에 따라 소나기가 내리는 것처럼 마이너 플랫 파이브 또는 그 외의 코드를 '각 코드 진행의 상황에 따라 가장 이상적인 형태'로 조합해 봅시다.

악보 4-⑪

```
(Key = C)
코드 진행 예 1
|| C    G    | Am   F   | C   G   | F    C   ||
              때때로 흐림

(Key = C)
코드 진행 예 2
|| Am   Em   | F    C G  |                 //    ||
   흐리다가 결국 맑아짐                    (반복)

(Key = C)
코드 진행 예 3
|| C   Bm⁻⁵Em | Am   G C | F    C/(E) | Dm   G ||
   맑음  곳에 따라 소나기였다가              뭉게구름?
         흐림으로 바뀜
```

이처럼 우리가 평소 접하는 일기예보의 날씨 같은 진행을 코드에 적용함으로써 작곡을 통해 우리의 일상과 마음을 표현할 수 있게 됩니다.

다이어토닉 코드에는 왜 메이저와 마이너, 그 외의 코드가 자연스럽게 존재하는지에 대한 의식을 갖고 여러분이 간절히 원하는 "자연스러운 코드 진행"을 표현해 봅시다.

'메이저', '마이너', '그 외'의 코드'를 가장 이상적인 형태로 조합해 보자

다이어토닉 코드의 세계는 음계 구성음을 가장 자연스러운 형태로 코드화하는 것에서 시작되었는데, 지금까지는 가지런히 나열된 메이저 코드 세 개와 마이너 코드 세 개를 각각 한 세트의 코드 진행으로 취급하는 것만으로도 듣는 사람을 충분히 만족시킬 수 있었습니다.

다만 그 만족감은 어디까지나 코드의 느낌이 바뀌는 순간에 느낄 수 있는 것이기 때문에, 만약 메이저 코드 세 개만으로 만들어진 곡이 있다면(수많은 곡 중의 하나로서는 어떨지 모르겠지만) 듣는 사람에게 큰 감동을 주기에는 역부족일 것입니다.

제가 생각하는 '작곡'이란 '삶', 즉 생명을 누리는 것이기 때문에, 인생의 희로애락을 경험해 온 우리는 밝은 느낌만으로 가득 찬 곡을 들으면서(또는 어두운 느낌뿐인 경우도 마찬가지) 왠지 모를 아쉬움을 느끼게 될 것입니다.

인생에는 좋을 때도 있고 나쁠 때도 있습니다. 우리는 늘 행복하기만을 바라지만 때로는 고통과 슬픔에 상처받고 어두운 감정의 수렁 속으로 빠져들기도 합니다. 이런 미묘한 감정의 변화를 가진 사람들의 마음에 무언가를 호소하고, 그들의 마음을 움직이기 위해서는 세 가지 코드가 가진 음계 구성음의 울림만으로는 부족합니다.

【코드의 진행】
각 코드의 역할

코드 진행이란 코드를 배열하는 '순서'를 의미합니다. 자세한 설명에 앞서 C 메이저 키의 코드 진행을 예로 나타낸 94p의 악보 4-⑪을 다시 한번 살펴봅시다. 이것을 모든 메이저 키에서 쉽게 파악할 수 있도록 각 다이어토닉 코드를 숫자로 나타낸 것(악보 4-④ 발췌도 참조)을 바탕으로 다시 작성한 것이 악보 4-⑫입니다.

악보 4-④ 발췌도

$$1 \quad 2m \quad 3m \quad 4 \quad 5 \quad 6m \quad 7m^{-5} \quad (8)$$

（각 다이어토닉 코드를
숫자로 나타낸 것）

악보 4-⑫

코드 진행 예 1

‖ 1   5 ｜ 6m   4 ｜ 1   5 ｜ 4   1

코드 진행 예 2

‖ 6m   3m ｜ 4   1   5 ｜   %

코드 진행 예 3

‖ 1 $7m^{-5}$ 3m ｜ 6m   5   1 ｜ 4   1/(3) ｜ 2m   5

이와 같이 각 코드를 숫자로 파악할 수 있게 되면 지금까지 보이지 않았던 코드의 세계에 대한 새로운 '진행 구조'가 보이게 되는데, 이번 기회에 다이어토닉 코드의 메이저와 마이너 각 세 개의 코드가 갖는 '역할 분담'에 대한 새로운 지식을 축적해 두도록 합시다.

우선 메이저 코드인 '1/4/5'의 조합에 대해 생각해 보겠습니다.

코드 '1'은 세 개의 코드 중에서 가장 중요한, 곡의 키를 나타내는 코드입니다. 그럼, 나머지 '4'와 '5' 중에서 코드 '1' 다음에 배치했을 때 '진행감'을 더 느낄 수 있는 것은 어느 것일까요? 이것을 확인하기 위해 '1'에서 각각 '4'와 '5'를 거쳐서 다시 '1'로 돌아오는 두 개의 진행을 원하는 악기로 연주하며 확인해 봅시다(악보 4-⑬ 참조).

악보 4-⑬

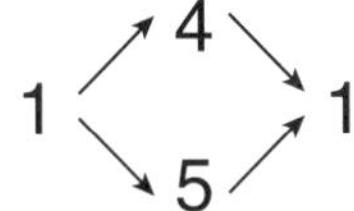

어떻습니까? '4'와 '5' 각각의 코드가 갖는 느낌의 차이가 느껴지십니까?

보통 '1'부터 시작할 경우 다음에 '4'보다 '5'가 나올 때 '진행감'을 더 느낄 수 있습니다('1'의 루트 음이 '4'의 구성음에는 포함되지만, '5'의 구성음에는 포함되지 않기 때문). 이와 같은 세 개의 코드 각각의 '역할'의 차이를 나타낸 것이 하단 악보 4-⑭이고, 그 '느낌=역할'을 모든 다이어토닉 코드에 적용한 것이 다음 페이지의 악보 4-⑮입니다.

악보 4-⑭

도미솔	파라도	솔시레
1	4	5
=	=	=
T	S	D
토닉(주연)	서브도미넌트(조연)	도미넌트(중재자)

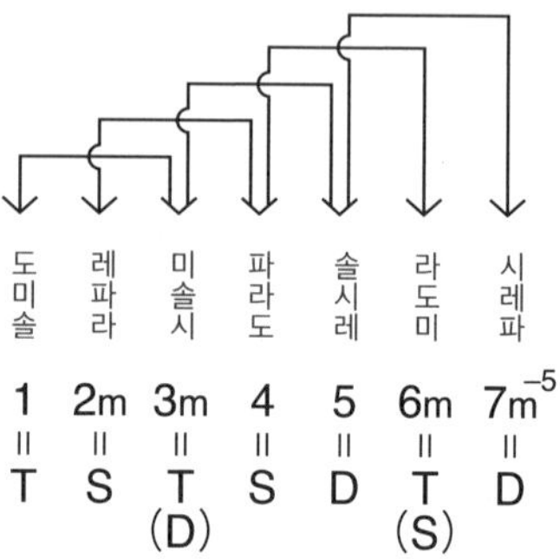

이와 같이 세 개의 코드에는 주연(토닉=T), 조연(서브도미넌트=S), 중재자(도미넌트=D)라는 각각의 역할이 있고, 각 코드를 역할에 따라 잘 사용하는 것이 코드 진행의 성패를 가르는 갈림길이 됩니다.

코드 진행은 'T/S/D' 각 역할에 따라 전개된다

4-7에서 설명한 개념을 토대로 다이어토닉 코드의 각 역할에 익숙해지면 메이저, 마이너 이외의 어떤 코드가 나오더라도 기본적인 코드 진행에는 두 가지밖에 없다는 것을 깨닫게 됩니다. 96p에서 살펴본 코드 진행의 예(악보 4-⑫)를 'T/S/D'로 이해할 수 있게 되면, 부자연스럽거나 아쉬운 느낌이 드는 코드 진행을 균형 잡힌 "대박 나는" 진행으로 조화롭게 바꿀 수 있게 됩니다. "세 가지 코드, 즉 'T/S/D'의 조합을 통해 메이저, 마이너, 그 외의 코드를 어떻게 전개할 것인가?"가 바로 "대박 나는" 코드 진행을 만드는 비법입니다.

악보 4-⑯

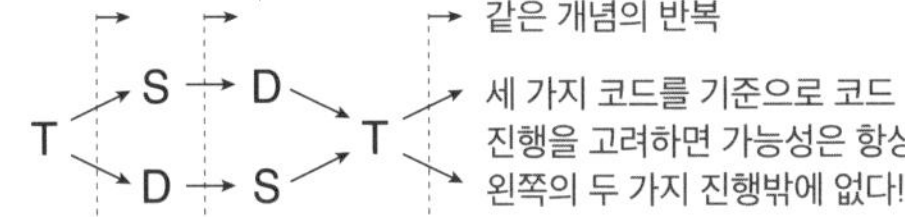

악보 4-⑰

코드 진행 예 1

1	5	6m	4	1	5	4	1
T	D	T(S)	S	T	D	S	T

코드 진행 예 2

6m	3m	4	1	5	∥
T(S)	T(D)	S	T	D	∥

코드 진행 예 3

1	$7m^{5}$	3m	6m	5	1	4	1/(3)	2m	5
T	D	T(D)	T(S)	D	T	S	T	S	D

【코드의 전개】
메이저와 마이너를 바꾸자

지금부터는 코드 진행을 어떻게 '전개'시키면 좋을지 좀 더 자세히 살펴보겠습니다.

원래대로라면 세 가지 코드를 축으로 한 다이어토닉 코드라는 7개 화음의 울림을 사용하는 것만으로도 충분히 만족스러운 곡을 만들 수 있지만, 그것만으로는 그저 일곱 색깔뿐인 크레파스를 가진 어린이가 느끼는 감정과 마찬가지로 계속 자라나는 음악적인 감수성에 비해 턱없이 부족한 느낌이 들 것입니다. 그럼 어떻게 해야 할까요?

악보 4-⑱은 4-7에서 살펴본 다이어토닉 코드를 기반으로 한 코드 진행을 조금 바꾼 것입니다.

악보 4-⑱

코드 진행 예 1

‖ 1   5   │ 6m   4   │ 1   5   │ 4m   1   ‖

코드 진행 예 2

‖ 6   3m   │ 4   1 5   │   ✗   ‖

코드 진행 예 3

‖ 1   7m^{-5}3   │ 6m   5m 1   │ 4   1/(3)   │ 2   5   ‖

무엇이 다른지 눈치채셨나요?

이것은 원래 메이저였던 것을 마이너 코드로, 마이너였던 것을 메이저 코드로 바꾼 것인데, 이와 같이 메이저와 마이너를 바꾸면 코드 진행에 폭넓은 변화를 줄 수 있게 됩니다.

다이어토닉 코드의 메이저와 마이너를 '바꾸자'

태양을 그린다고 상상해 봅시다. 일출과 일몰을 그릴 때 사용하는 색채가 다른 것처럼, 다이어토닉 코드라는 7가지의 중요한 울림에 대해서도 더 애절하게 또는 더 밝게 각각의 색채를 덧입힐 수 있습니다.

이것은 원래 7가지의 기본 색상만 가지고 있던 우리가 그 두 배의 색채를 코드 진행에 사용할 수 있다는 것을 의미하는데, 그 자유는 어디까지나 세 가지 코드를 축으로 한 다이어토닉 코드 내에서의 향신료와 같은 요소라고 생각해야 합니다.

저에게 그 향신료는 마치 지구 주위를 도는 달과 토성 주변을 덮는 고리와 같기도 하고, 다이어토닉 코드라는 태양계 바깥쪽에 위치한 '제2의 우주'와 같은 느낌입니다. 이 우주의 확산을 모든 키에서 즉시 활용할 수 있도록 정리한 악보 4-⑲는 여러분이 예전부터 좋아했던 곡들이 가진 느낌과 머릿속에 맴돌지만 좀처럼 끄집어낼 수 없었던 울림들을 마음껏 표현할 수 있게 해 줄 것입니다.

악보 4-⑲

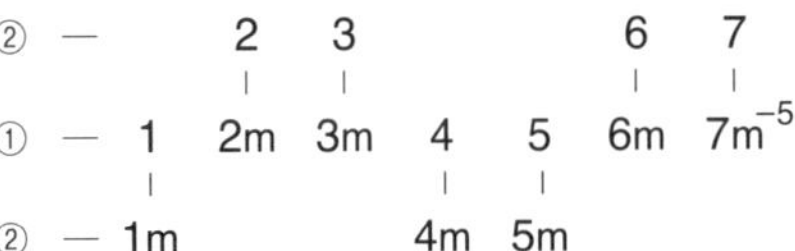

※ ①=제1의 우주(태양계) ②=제2의 우주

이와 같이 같은 메이저와 마이너 코드라도 각 코드가 곡의 키에 있어서 '태양계(=다이어토닉 코드)'인지, '제2의 우주(=다이어토닉 코드의 메이저와 마이너를 바꾼 것)'인지에 따라서 그 역할이 완전히 다르기 때문에, 반드시 울림의 차이를 느껴보고 잘 다룰 수 있도록 연습해 둡시다.

4-9 음계 구성음 이외의 음으로 범위를 넓히자

앞에서 이야기한 '제2의 우주', 즉 '다이어토닉 코드에 대한 이차적인 코드'를 사용함으로써 우리는 다이어토닉 코드만 사용했을 때와는 다른 채색을 더 할 수 있게 되는데, 한 걸음 더 나아가 곡의 키에 해당하는 음들 외에 '샤프(♯)'나 '플랫(♭)' 등이 붙은 음인 "음계 구성음 이외의 음이 루트인 코드"를 의도적으로 사용하면 더 새로운 전개를 만들 수 있습니다.

만약 키의 구성음을 사용하는 것 자체에 익숙해졌다면 다이어토닉 코드에서 파생된 '제2의 우주'를 한층 더 확장한, 이른바 '제3의 우주'라고 할 수 있는 새로운 코드의 세계를 통해 듣는 사람에게 더 폭넓은 자극을 선사해 봅시다.

'음계의 구성음' 이외의 음을 코드화하자

음계의 구성음을 바탕으로 파생되는 7개의 다이어토닉 코드와 이 것이 가진 메이저와 마이너의 울림을 바꿔서 파생된 '이차적'인 7개 코드의 차이는 각 구성음에 "원래 키의 구성음에는 없는 샤프(♯) 또는 플랫(♭)이 붙은 음이 '포함되는가, 포함되지 않는가?'입니다.

악보 4-⑳

	(솔 미 도)	라 파♯ 레.	시 솔♯ 미	(도 라 파)	(레 시 솔)	미 도♯ 라	파♯ 레♯ 시
② —		2 |	3 |			6 |	7 |
① —	1	2m	3m	4	5	6m	7m⁻⁵
② —	1m			4m	5m		
	솔 미♭ 도	(라 파♭ 레)	(시 솔♭ 미)	도 라♭ 파	레 시♭ 솔	(미 도♭ 라)	(파 레♭ 시)

※ '원래 키의 구성음 사용 방법'이 ②의 세계에서는 각각 '변화'하고 있다

그리고 이와 같은 차이에 대해 좀 더 깊이 생각해 보면 최종적으로 '원래 키의 구성음에 없는 음'을 '코드화'해서 사용한다는 결론에 이르게 되는데, 그 결과 새로운 음악적 전개를 만들 수 있게 됩니다.

참고로 제 경험상 이런 경우의 '코드화'에는 크게 두 가지 관점이 있는데,

1. 다이어토닉 코드 사이의 틈을 메우는

경과음적(돌발적)인 디미니쉬 코드를 사용

2. 메이저 키에 마이너 스케일을 기반으로 한

록(Rock)적인 느낌을 추가

　이것을 정리한 하단 악보 4-㉑을 참고하시기를 바랍니다. 다이어
토닉 코드의 메이저와 마이너를 바꾼 이차적인 코드들은 어디까지나
키 본래의 음들을 루트로 한 화음인 것에 반해, 제3의 우주에 속하는
코드들은 '루트 음 자체가 키 본래의 음계 구성음 외의 음'이기 때문
에 결과적으로 더 자극적인 느낌이 듭니다.

악보 4-㉑

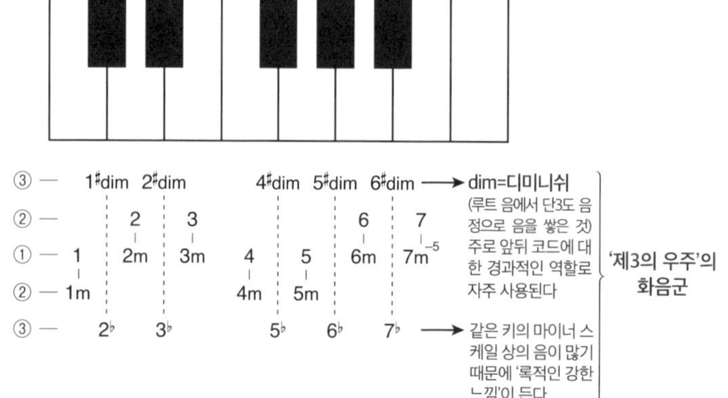

　마지막으로 100p 4-8의 이차적인 코드의 경우와 마찬가지로 음
계 구성음 이외의 음을 루트로 한 위의 코드들도 곡 전체에서 '추가적
인 요소'로 이해해야 합니다. 이 코드들을 지나치게 강조한 나머지 기
본적인 코드 진행을 무너뜨리는 일이 없도록 주의합시다.

4-10 【코드의 전개】 코드를 장식하자

　이번에는 코드에 대한 인식을 더 확장해서 다양한 표현을 하는 데 필요한 각 코드의 '장식'적인 개념에 관해 설명하겠습니다.

　먼저 제가 지금까지 경험한 '장식'의 구체적인 예와 그 개념에 대해 정리한 다음 페이지의 악보 4-㉒를 참고하시기를 바랍니다.

　이 세상에 존재할 수 있는 모든 코드 진행에 대해 4-10의 개념을 적용하면 코드를 진행하는 데서 그치지 않고 새로운 가능성을 찾을 수 있게 되는데, 보편적인 코드 진행에 코드 자체가 가진 소박한 울림과 복잡성과 같은 섬세한 표현을 추가하거나, 그런 표현을 돋보이게 하기 위해 코드 진행 자체를 하지 않는 등의 대담한 연출도 가능합니다.

　그러나 중요한 것은 '장식'을 어디까지나 장식으로 사용할 것인지, 아니면 코드의 중요한 울림의 일부로 사용할 것인지, 그냥 꾸미지 않은 채로 둘 것인지를 잘 결정하는 것입니다. 모든 코드를 다 꾸며 버리면 그것은 더 이상 '장식'이 아니라는 것을 반드시 명심합시다.

※ 3화음에 다른 음을 추가한다

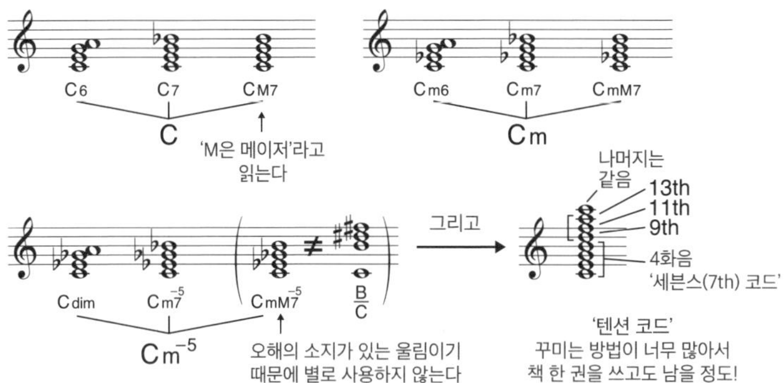

※ 제3음(3rd)을 생략 또는 변화시킨다

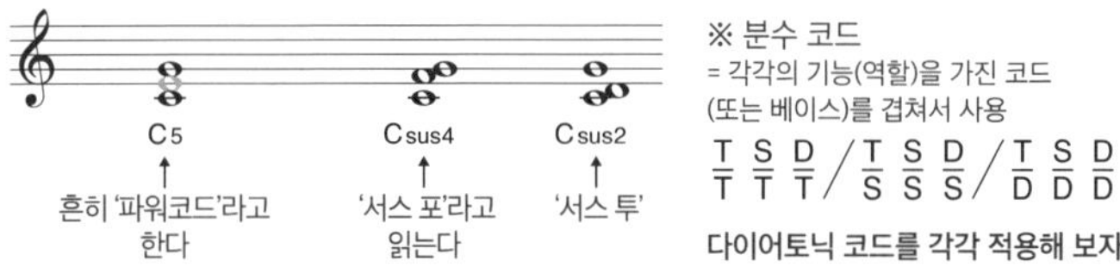

코드의 메이저(밝음)와 마이너(어두움)를 담당하는 음을
일부러 생략해서 더 특징적인 울림이 된다

※ 분수 코드
= 각각의 기능(역할)을 가진 코드
(또는 베이스)를 겹쳐서 사용

$$\frac{T}{T} \ \frac{S}{T} \ \frac{D}{T} \ / \ \frac{T}{S} \ \frac{S}{S} \ \frac{D}{S} \ / \ \frac{T}{D} \ \frac{S}{D} \ \frac{D}{D}$$

다이어토닉 코드를 각각 적용해 보자!

※ 클리셰=같은 코드의 임의의 음을 변화시켜서 음의 흐름을 변화시킨다

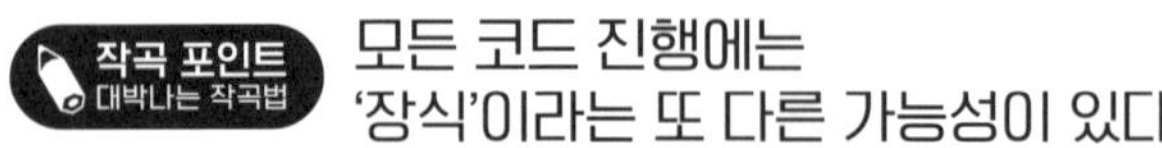

모든 코드 진행에는
'장식'이라는 또 다른 가능성이 있다

제4장에서 지금까지 살펴본 지식을 바탕으로 이 책에서 말하는 일반적인 "대박 나는" 곡의 코드 진행의 대부분을 설명할 수 있습니다.

또 이것이 기존 곡에서 실제로 어떻게 사용되었는지 분석해 보면 새로운 깨달음이나 아이디어를 여러분의 곡에 사용하는 것도 가능해집니다.

또 작곡할 때 자신이 만든 코드 진행을 '장식'했을 때와 장식하지 않았을 때의 느낌을 항상 비교해 보시기 바랍니다. 각 코드를 장식하면 진행이 어떻게 바뀌는지 파악하면서 작업을 진행하다 보면 곡 전체에 걸쳐 더 화려한 "전개"를 만들 수 있게 될 것입니다.

반드시 곡의 각 부분에서 요구되는 조화로운 '장식' 방법을 풍부한 경험을 통해 그때그때 적절하게 선택할 수 있도록 합시다.

【코드의 전개】
전조하자

이번에는 코드 진행을 한 단계 더 발전시키기 위해 곡의 "전조"에 대해 생각해 보겠습니다.

전조란 곡의 키(=조)를 중간에 바꾸는 것을 의미하는데, 그 변화를 토대로 각 상황에 어울리게 강조하거나 일부러 인위적인 느낌을 연출해서 듣는 사람에게 곡의 느낌을 더 강하게 전할 수 있게 됩니다.

자연스럽게 전조를 하고 싶다면 다음에 전개될 새로운 키로 연결하는 경과적인 코드나 코드 진행의 일부를 사용하고(전조 되기 전의 키에서는 부수적이었던 울림이 전조된 키에서는 중요한 울림이 됩니다), 의도적으로 갑작스러운 전조를 하고 싶다면 코드 진행 중 전조하고 싶은 부분을 노래방에서 리모컨을 누르는 것처럼 상황에 따라 다른 키로 바로 올리거나 내리면 됩니다(이때 생기는 부자연스러움과 위화감 자체가 음악적인 표현이 됩니다).

다음에 전개될 새로운 키로 '경과적으로' 진행한다 → 자연스러운 전조
코드 자체를 '바로 올리거나 내린다' → 부자연스러운 전조

이와 같이 전조에는 크게 두 가지 선택지가 있는데, 목적이나 노리는 효과에 따라 각각 구분해서 사용하면 됩니다.

만약 우리가 106p 4-10까지의 내용을 바탕으로 각자의 코드 진행에 추가적인 진행감을 표현하려고 할 때 남은 선택지가 있다면, 그것은 소위 "전조"라고 불리는 것일 것입니다.

전조는 곡 전체 중 짧은 순간 동안 키가 바뀌는 경우와 부분마다 여러 번 바뀌는 경우, 그리고 곡 중간에 전조된 키에서 원래 키로 되돌아가는 경우와 되돌아가지 않고 곡을 끝내 버리는 경우 등 다양한 패턴이 있습니다(당연히 전조하지 않는 곡도 있습니다).

어떤 패턴이든 일단 전조된 키를 원키로 되돌리는 작업은(보컬 곡의 경우) '인트로'나 '간주' 등으로 불리는, 멜로디가 전개되는 코드 진행이 아닌 부분에서 이루어지는 것이 대부분입니다.

그리고 작곡자의 입장에서는 전조라는 것이 어디까지나 듣는 사람에게 '곡 자체'에 대한 좋은 느낌을 심어주기 위한 수단이지 '전조 자체'가 목적이 아니기 때문에 듣는 사람이 깨닫지 못할 정도로 자연스럽게 전조하는 것을 "훌륭한 전조"로 평가합니다.

지금까지의 지식을 바탕으로 여러분이 과거에 즐겨듣던 곡의 코드 진행에 전조가 포함되어 있는지 분석하는 것부터 시작해 봅시다.

4-12 좋은 코드란 무엇인가?

제4장에서 지금까지 코드의 구조와 진행, 전개 방법 등에 대해 차례로 설명했는데, 이와 같은 지식은 어디까지나 멜로디를 돋보이게 하기 위해서 사용해야 합니다.

예를 들어 C 메이저 키의 'C/F/G'라는 코드 진행 위에 '도(C), 파(F), 솔(G)'이라는 멜로디를 연주한다면, 각 코드가 돋보이기는 커녕 듣는 사람이(노래하는 입장에서도) 유치하거나 시시하다고 생각할 것입니다.

반대로 다음과 같은 관계성을 유지할 수 있다면, 이와 같은 멜로디와 코드는 우리에게 이론이나 상식을 뛰어넘는 궁극적인 '편안함'을 선사할 것입니다.

코드의 울림에 없는 음을 연주하는 멜로디

+

그 멜로디를 밑에서 지탱하는 코드

코드와 멜로디는 좋든 나쁘든 서로 영향을 주고받기 때문에 멜로디나 코드를 만들 때는 각 부분을 차분하게 표현하고 싶은지, 더 돋보이게 하고 싶은지 항상 본인의 의도를 확인해 보도록 합시다.

좋은 코드는 '멜로디를 돋보이게 하기 위해' 존재한다

이 책에서 지금까지 살펴본 것과 같이 우리는 누구나 코드의 울림 속에 존재하는 각각의 '구성음'을 무의식적으로 느낄 힘을 가지고 있습니다. 하지만 코드의 구성음만으로 멜로디를 작곡하면 자칫 듣는 사람으로부터 '굳이 그런 코드나 멜로디가 아니어도 상관없지 않을까?', '음을 코드에 너무 딱 맞췄어.', '음정을 정확하게 해주는 보컬 트레이닝인가?' 등의 불만을 살 우려가 있습니다.

이런 최악의 사태를 방지하기 위해 우리가 작곡할 때 지향해야 할 '상태'를 다시 정리하면 다음과 같습니다.

1. 멜로디와 코드 중 하나만 없어도 음악이 완성되지 않는다
2. 노래와 반주를 함께 연주하지 않으면 곡이 완성되지 않는다
3. 각 요소가 모두 가치 있는 것이 되어야 한다

인간관계와 마찬가지로 자신의 음악 세계를 구축하는 모든 요소가 적절하게 조화를 이룬 상태를 각자의 곡에 담아낼 수 있게 되면, 듣는 사람과 연주하는 사람 모두 그 곡을 소중하다고 느끼게 될 것입니다. 우리 모두 코드의 관계성이 깃든 작곡을 목표로 합시다.

악보 4-㉓　　　　　　　　　**악보 4-㉔**

Column · '음계 구성음' 이외의 음 사용

　이 책에서 지금까지 설명한 멜로디와 코드에 대한 지식은 모두 '음계의 구성음의 사용(=메이저 스케일)'을 기본으로 한 것이었습니다.
　만약 곡의 중간에 키를 바꾸는 전조를 했다고 해도, 이때의 선율이나 울림은 모두 음계의 구성음(으로 들리는 음) 중에서 '도' 음을 중심 또는 기준으로 하는 것이 전제 조건이었습니다.

　실제로 세상에서 널리 사랑받는, 이른바 "대박 난" 곡은 대부분 위의 전제 조건을 바탕으로 작곡되어 있다고 해도 과언이 아닙니다. 하지만 시대의 흐름과 함께 새로운 음악 스타일과 장르가 탄생하고, 듣는 사람의 취향과 기호가 빠르게 바뀌는 상황에서 과거에 사랑받던 곡이 현재에도 반드시 사랑받는다고는 할 수 없습니다. 때로는 고정관념을 깨는 새로운 세계관을 곡 속에서 구현할 수 있도록 지금까지와는 다른 구조와 창의력을 발휘할 필요도 있습니다.
　제 경험상 특히 새로움이나 참신함을 곡에 담고 싶을 때 효과적인 방법이 있는데, 그것은 부분적으로(또는 곡 전체에) 사용하는 음 사용의 중심을 '도' 이외의 음으로 바꾸는 것입니다.

　먼저 계이름을 1~7까지의 숫자로 바꿔서 생각해 봅시다.
　기존 감각으로는 1에 해당하는 음을 항상 음 사용의 중심으로 생각했겠지만, 이번에는 1 이외의 모든 음을 각각 새로운 '중심음'이라고 생각해 봅시다. 그리고 이때 가능해진 새로운 음 사용법을 지금까지 음을 사용했던 것과 같은 방법으로 곡에 적용해 봅시다.

이처럼 지금까지의 음 사용과는 다른 '구조'의 음 사용을 바탕으로 곡을 만들다 보면 멜로디와 코드의 느낌도 완전히 달라질 것입니다. 또 전개할 리듬의 요소를 각각의 음 사용이 가진 분위기와 세계관에 맞게 독자적으로 만들다 보면 보다 효과적이면서도 새로운 전개를 만들 수 있게 될 것입니다.

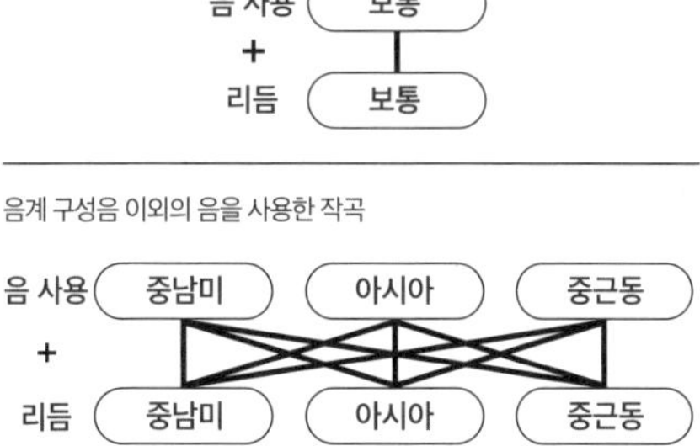

제 5 장

패턴 만들기

뮤지션들과 대화하다 보면 '리듬 패턴'이나 '코드 패턴' 같은 말을 자주 접하게 되는데, 제5장에서는 "대박 나는" 작곡이라는 꿈을 실현하기 위해 이 "패턴"의 개념과 취급 방법에 대해 살펴보겠습니다.

저는 패턴이 '일정한 형태와 양식을 지켜서 만들어지는 부분 또는 장치'와 같은 것이라고 생각합니다. 특징적인 움직임과 변화 또는 그 반복에 의해 각각의 곡에 어울리는 다양한 전개와 구성을 표현합니다.

예를 들어 곡의 A 파트, B 파트, 코러스 등과 같은 곡의 구체적인 형식은 물론이고 1절, 2절, 후렴 등과 같이 구분하는 방법도 넓은 의미에서 패턴이라고 할 수 있습니다.

작곡할 때 곡의 처음부터 끝까지의 모든 구성요소가 한 번에 떠오르는 것은 매우 드문데, 우선 각각의 요소를 대략적인 패턴으로 파악한 다음 세부적인 수정을 가하면서 차근차근 전체적으로 정리해 가는 방법을 사용하면 한층 더 자유로운 작곡이 가능해질 것입니다(반대로 모든 요소가 한 번에 떠올랐다면 이후에 수정하기 위해 더 큰 용기와 결단이 필요할 것입니다).

패턴과 관련된 단어 중에는 듣는 사람에게 그다지 좋지 않은 인상을 주는 '원 패턴'이라는 것도 있는데, 음악적인 패턴은 '원(하나)'이어서는 안될 뿐만 아니라 '투(둘)' 이상의 요소가 없으면 '좋은 상태'라고 할 수 없습니다. 여러분이 만드는 곡의 '패턴'이 좋지 않은 인상을 주는 원 패턴이 아닌 균형 잡힌 형태가 되도록 세심한 주의를 기울입시다.

패턴이란 '두 개 이상의 요소'의 "균형 잡힌 조합"을 말한다

하나의 패턴을 만들었을 때 그 패턴 하나로 승부하려고 한다면 그 것은 말 그대로 원 패턴이 되어 버리는데, 곡에는 적어도 두 개 이상의 요소(=패턴)가 필요하며 어떻게 균형을 맞추면서 곡을 완성하는가가 "대박 나기 위한" 비결이 됩니다.

사실 이 '균형을 맞춘다'라는 개념은 알고 보면 그리 어려운 것이 아닙니다. 왜냐하면 이 세상에 존재하는 모든 것들은 대부분 '그에 알맞은 또 다른 요소'와 세트로 이루어져 있기 때문입니다.

【각 요소에 알맞은 세트의 예】

리듬 → 음표와 쉼표

멜로디 → 고음과 저음

코드 → 메이저와 마이너

이와 같이 각 요소가 동시에 가지고 있는 요소들을 항상 의식하면서 곡 작업을 진행한다면 누구나 "균형 잡힌 곡"을 만들 수 있게 될 것입니다. 그러나 균형 잡힌 상태만이 항상 좋다고 단언할 수 없다는 점이 작곡의 어렵고도 심오한 부분이라는 것을 명심해야 합니다.

듣는 사람에게 "대박 나는" 곡을 선사하기 위해서는 때로는 비뚤어지거나 부조리한 모습에 마음이 끌리는 인간의 본성과도 진지하게 마주해야 하는데, 이것을 회피하면 모양새는 깔끔한데 어딘가 모르게 밋밋하고 별 볼 일 없는 곡만 만들 가능성이 높아지기 때문에 주의해야 합니다.

각각의 요소가 '미와 자극을 동시에 지닌 소리의 집합체'로서 듣는 사람의 심금을 울리게 되면 여러분의 곡은 비로소 "대박 나는" 곡으로 듣는 사람에게 기억될 것입니다.

5-1의 내용을 바탕으로 이번에는 우리가 작곡할 때 기억해야 할 요소 중 하나인 '리듬'의 패턴에 대해 살펴보도록 하겠습니다.

리듬으로 패턴을 만들 때는 우선 곡의 '템포'부터 제시해야 하는데 손 박자나 메트로놈 등으로 템포를 나타낼 수도 있겠지만, 일반적인 장르의 곡에서는 대부분 드럼이나 퍼커션과 같은 '타악기' 소리를 사용합니다.

예를 들어 4분의 4박자 곡에서 한 마디에 네 개의 소리를 같은 간격으로 연주하면 '4박 패턴'이라는 리듬 패턴이 되는데(악보 5-① 참조), 이 상태에서 아래의 요소들을 의식하면서 리듬을 전개해 봅시다.

악보 5-①

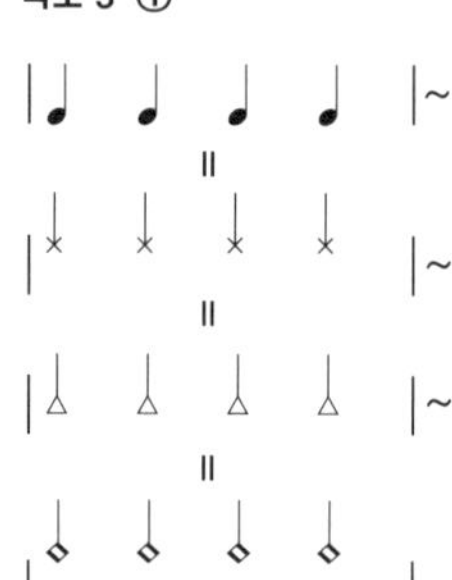

타악기 소리 외에 기계음이나 자연음 등 선택하는 소리에 따라서는 그대로 사용할 수 있는 패턴이 된다.

'음표(쉼표)/음의 고저/음의 강약/템포'를
각각 어떻게 표현할 것인가?

이 요소들을 항상 의식한다면 그것이 어떤 리듬 패턴이더라도 원 패턴에서 벗어나 더 흥미롭고 싫증 나지 않게 전개할 수 있게 될 것입니다.

리듬 패턴은 '음표와 쉼표', '음의 고저와 강약', '템포'를 좌우한다

앞서 소개한 요소들을 기반으로 똑같은 '4박 패턴'의 리듬을 각각 다른 패턴으로 전개한 아래의 악보를 살펴봅시다.

이와 같이 최소 두 개 이상의 모티브로 구성된 작은 패턴을 더 일정하고 다양하게 조합하면, 더 큰 비트감이 느껴지는 생동감 있는 패턴으로 만들 수 있습니다.

악보 5-②

　이전 페이지의 (악보 5-②와 같이 '여러 번 반복해도 싫증 나지 않는 상태'를 기본적으로 가지고 있는 리듬 패턴을 '루프'라고 합니다).

　이와 같이 작업을 진행하다 보면 듣는 사람에게도 매력적으로 느껴지는 "대박 나는" 패턴을 여러분이 상상한 모습 그대로 선사할 수 있게 될 것입니다.

　각각의 곡에 어울리는 최상의 리듬 패턴을 꾸준히 만들다 보면 자신이 만든 패턴에서 받은 영감을 통해 새로운 곡을 만들 수 있게 될 것입니다. 세상에 존재하는 수많은 리듬 패턴과 자신이 만든 패턴을 통해 이와 같은 음악적인 '선순환'을 꼭 경험하셨으면 좋겠습니다.

악보 5-③

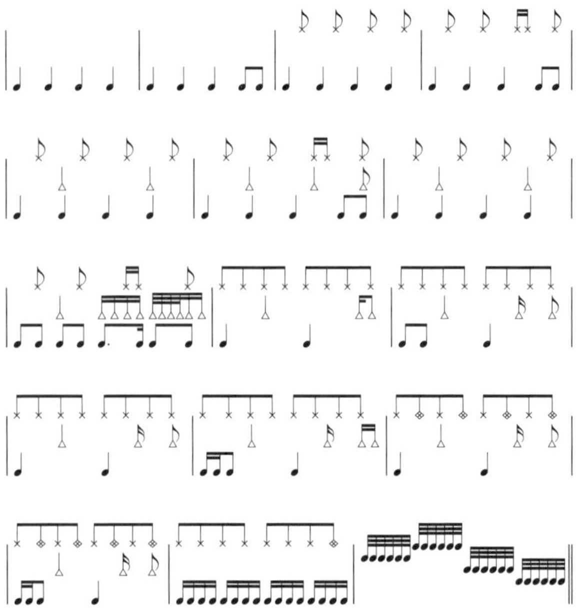

5-3 멜로디 패턴

5-2에 이어 '멜로디'의 패턴에 대해서 더 자세히 살펴보겠습니다.

리듬의 경우와 마찬가지로 멜로디도 같은 패턴을 의식하면 지금까지 없던 생동감을 표현할 수 있게 돼서 듣는 사람에게 더 인상 깊은 곡으로 남게 될 것입니다.

먼저 패턴의 기본이 '두 개 이상의 요소의 조합'이라는 것을 기억하면서 "멜로디로서 최상의 상태"를 만들어 봅시다.

1. 「랩(멜로디 없음)과 노래(멜로디 있음)」를 넘나든다

2. A 파트, B 파트, 코러스(후렴) 등
각 '도입부의 시작 타이밍'을 바꾼다

3. 온음표, 2분음표, 4분음표, 8분음표, 16분음표 등
'음표의 길이'에 변화를 준다

4. 상하행 등의 방향성이나 순차진행, 도약진행 등의 거리감 등
'음정의 움직임'에 변화를 준다

5. A 파트, B 파트, 코러스(후렴) 등
각 파트의 '가장 돋보이는 음'을 바꾼다

이것을 기억하며 한 패턴의 예(악보 5-④)를 살펴봅시다.

어떻습니까?

이와 같이 멜로디에 대해서도 항상 '패턴'을 의식해서 변화를 주면 듣는 사람의 마음을 사로잡을 수 있습니다.

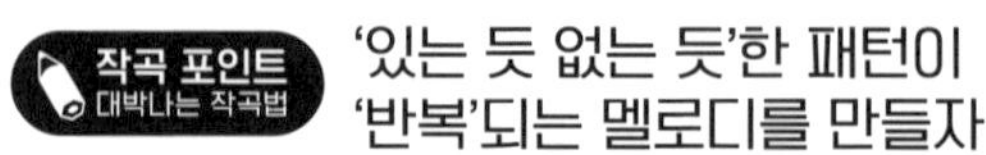

'있는 듯 없는 듯'한 패턴이 '반복'되는 멜로디를 만들자

멜로디는 작곡가 지망생들에게 있어서 리듬이나 코드와는 달리 유일하게 '이거면 틀림없다.', '이렇게 하면 반드시 대박 난다.'와 같이 자신 있게 말하기 어려운 요소입니다.

만약 '좋은 멜로디'에 대한 절대적인 방정식이 존재한다면 누구나 항상 비슷한 퀄리티의 곡을 만들 수 있을 것입니다(하지만 여러분도 잘 아시다시피 현실은 그렇게 만만하지 않습니다).

그러나 이 책을 통해 우리는 멜로디를 최대한 기억하기 쉽고 싫증 나지 않게 만들 수 있게 되었습니다.

5-3에서는 작곡할 때 균형적인 멜로디를 만드는 방법에 대한 가능성을 몇 가지 소개해 드렸는데, 그 내용을 바탕으로 각 멜로디를 더 생동감 넘치게 수정하면 여러분의 곡을 듣는 사람으로부터 '임팩트 있는 후렴', '기억하기 쉬운 곡' 등으로 평가받는 곡으로 멋지게 탈바꿈시킬 수 있게 됩니다.

다만 일정한 패턴이 존재하는 리듬이나 코드와 달리 멜로디는 무에서 유를 '창조'해야 하는 성질의 것이라서(그렇기 때문에 '저작권'이라는 권리가 생깁니다) 궁극적으로는 다른 어떤 작품과도 다른, 개성 있는 멜로디로서 듣는 사람의 마음에 기억되는 시점에서야 비로소 각자가 만든 곡이 "대박 나는" 곡인지의 여부를 확인할 수 있는 출발선상에 서게 됩니다.

의도적일 뿐만 아니라 무의식에서 빛을 발하며 쏟아져 나온 멜로디로 아무 장식도 필요 없는 가장 이상적인 형태의 아름다운 곡을 창조하는 여러분이 되시기를 바랍니다.

이 책에서는 지금까지 '코드'라는 개념을 각각 다음과 같이 분류하고 생각해 보았습니다.

- '음계 구성음을 이용한 음 사용'의 조합
- '메이저/마이너/그 이외'의 울림
- 'T/S/D'의 각 역할
- '다이어토닉/그 외'의 색채(또는 제3의 우주)

만약 코드를 더 나은 '패턴'으로 사용하고 싶다면 다음과 같은 사항을 염두에 두고 작곡을 진행하면 좋을 것입니다.

- 세 가지 코드에 '+α'해야 할 것은 어떤 코드인가?
- 코드를 반복하는 '순서'와 '진행'을 어떻게 할 것인가?
- 각 부분의 도입부에 'T/S/D'를 어떻게 배치할 것인가?
- 각 부분을 어떤 코드들로 '특징 있게 표현'할 것인가?

악보 5-⑤는 위의 내용을 바탕으로 한 코드 패턴의 예인데, 악보의 진행과 울림의 느낌을 반복해서 느껴보고 그 바탕에 있는 '개념'을 여러분의 것으로 만들어 봅시다.

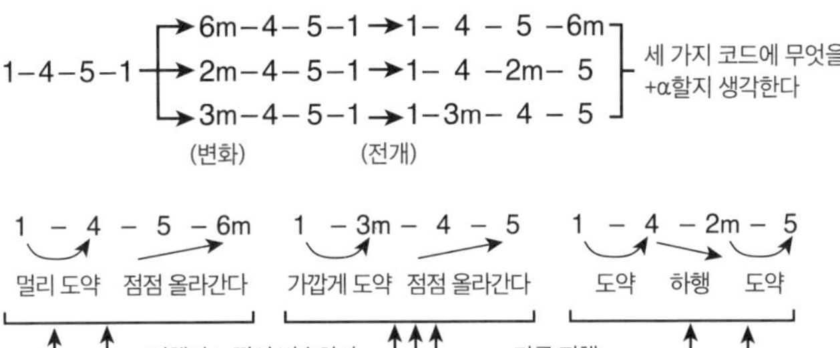

코드를 반복하는 순서와 움직임으로 생동감을 준다

A B 코러스

| T ~ | S ~ | D ~ | |

각 부분의 도입부에 코드가 갖는 각각의 역할을 분담해서 리듬감을 더한다

|4 − 5 −3m−6m| → |4 − 5 − 3 −6m| → |4 − 5 −5$^\sharp$dim− 6m|

임의의 부분을 '제3의'의 코드로 특징 있게 표현한 예

(3_7의 발전형)

코드 패턴이란 곡의 부분별 '행선지'에 따른 각 코드의 '경로'이다

리듬이라는 이름의 심장박동과 멜로디라는 이름의 노래…. 우리가 곡을 만들 때 의식해야 하는 세 가지 요소 중 리듬과 멜로디는 인간이 원래 가지고 있는 본능적인 요소이며, 전문적인 지식이 없어도 감각적으로 익힐 수 있습니다. 그러나 '코드'는 후천적인 학습이나 경험에 의해서 밖에 얻을 수 없는 '지성에 근거한 감각'이 필요하고, 평소에 의도적으로 배우고 사용하지 않으면 절대로 쉽게 익힐 수 없습니다.

그래서 예전부터 다양한 유형의 이론서를 통해 코드에 관한 '감각'적인 부분에 대한 이론적인 설명이 거듭되어 왔는데, 코드에 관해 공부한 적 있는 분이라면 '카덴차'(또는 케이던스), '도미넌트 모션', '순환 코드', '투 파이브 원' 등의 용어들을 한 번쯤은 접해 보셨을 것입니다.

하지만 이 책에서는 굳이 다른 이론서와 같은 설명 대신 "대박 나는" 코드에 대한 저의 독자적인 관점만을 소개 중입니다. 코드에 대한 모든 가능성을 충분히 익힌 후 여러분 각자의 감각에 의지해서 실전에서 잘 활용하시기를 바랍니다.

T(토닉)에서 다른 기능(역할)을 거쳐 다음의 T까지 돌아가는 하나의 흐름을 '카덴차' (또는 '케이던스')라고 한다.

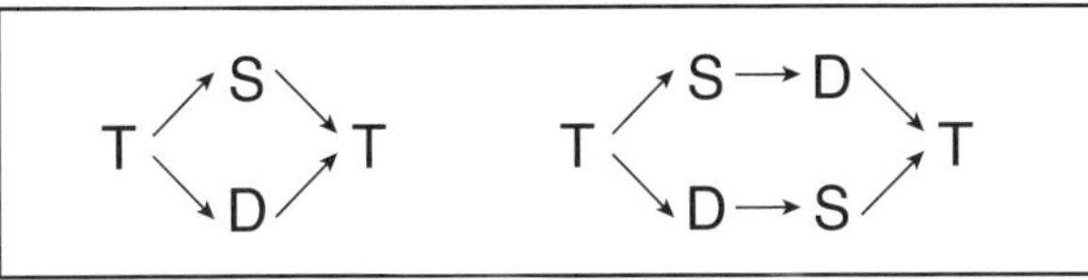

위의 일련의 흐름 중에서도 특히 D(도미넌트)에서 T로 돌아가서 마무리되는 (D→T) 움직임을 '도미넌트 모션'이라고 하는데, 진행상의 음정은 4도 위(또는 5도 아래)로의 움직임을 말하는 것으로 해석한 후 그 움직임을 어떤 키의 일정 구간에서 의도적으로 반복함으로써 '순환 코드'나 '투 파이브' 등과 같은 코드 패턴을 만들 수 있다.

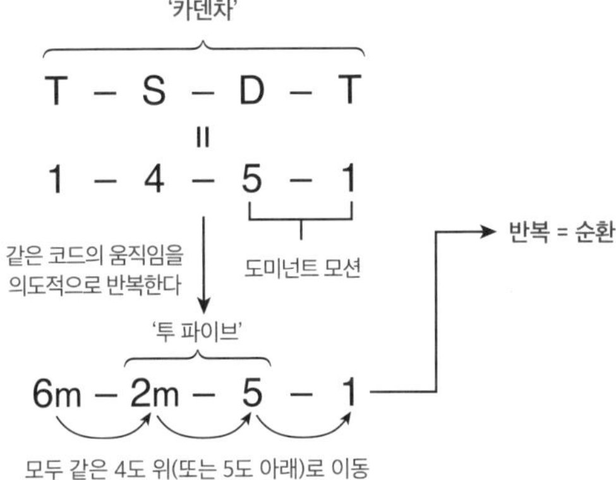

　지금까지 "대박 나기" 위한 '패턴'과 그 활용법에 대해 리듬, 멜로디, 코드 등의 각 요소를 바탕으로 살펴보았는데, 그 내용을 바탕으로 작곡할 때 필요한 의식과 사고방식을 한 문장으로 요약하면 다음과 같습니다.

전례 없는 '멜로디'와 '코드 진행'의 '조합'을 만들자

　이렇게 요약해 버리니 너무 당연한 말을 여러 번 반복하는 것 같아서 죄송하지만, 중요한 것은 그 '조합 방법'에 "여러분만의 신념이나 패턴이 있는가?"입니다.

　예를 들어 전례가 없다는 이유로(실제로 전례가 있었다고 해도) 의도적으로 '코드가 두 개뿐인 곡을 만들겠다.'고 결심하며 작곡했다고 합시다. 그러나 아무리 전례가 없다고 해도 결국 제일 중요한 것은 그 두 개의 코드로 어떤 멜로디를 만드는가, 그리고 듣는 사람이 그 곡을 통해 아름다움을 느끼고 감동하는가입니다(그렇지 않다면 그 곡은 듣는 사람에게 그저 '전개가 없는 하찮은 곡'이 될 것입니다).

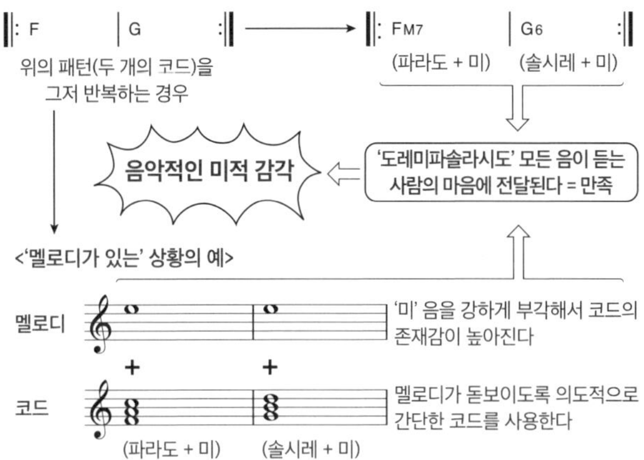

이 외에도 "코드와 멜로디의 조화로운 상태"에 관해 저의 경험을 바탕으로 음악적인 미적 감각과 이상적인 예를 수록해 두었으니 확인하시기를 바랍니다.

작곡의 궁극적인 패턴이란 "내가 만든 멜로디와 코드의 관계성"이다

정보와 다양성이 풍부한 현대 사회에서 진짜 센스 있는 '곡'이나 '작곡법'이 무엇인지 정확하게 정의하는 것은 매우 어려운 일이지만, '작곡의 이상적인 모습'에 대한 음악적 신념은 지금도 변함없이 제 안에 존재합니다.

그것은 멜로디와 코드 중 어느 쪽이 먼저든지 최종적으로 그 관계성을 잘 파악하고 결정하는 것이 작곡가의 사명이고, 그 결정 사항을 어떤 구성이나 사운드로 듣는 사람에게 전달할지 생각하는 것이 편곡가(또는 디렉터)의 사명이라는 것입니다.

곡의 '구성'을 이루는 패턴에 대해 살펴보기에 앞서 아래의 문장에 주목해 봅시다.

자연스러운 상태만 계속되는 것은 부자연스럽다

어떻습니까? 이것만으로는 도대체 무슨 말인지 전혀 모르겠다고 하시는 분도 계실 텐데 이것을 좀 더 음악적이고 구체적인 표현으로 바꾸면 다음과 같습니다.

- 1번에서 제시한 멜로디를 2번에서는 조금 변화시켜 본다
- 다음 부분으로 넘어갈 때 리듬의 변화를 시도해 본다
- 고조시키고 싶은 부분에 새로운 악기를 추가해 본다
- 한층 더 고조시키고 싶은 부분에 코러스 등의 보컬을 더해 본다
- 간단했던 코드 진행을 서서히 복잡하게 만들어 본다
- 곡의 모든 음을 순간적으로 뮤트(아무 소리도 안 나게)해 본다

이 아이디어는 모두 처음에는 '자연스러웠던' 패턴이 곡의 진행에 따라 결국 '부자연스러워지는 것'에 대한 해결책의 예입니다. 이와 같이 우리는 보통 자신이 자연스럽다고 느끼는 것은 좋다고 생각하고 부자연스러운 것에 대해서는 지적하거나 무시하는 경향이 있는데, 처음에 최대한 간단한 '패턴'으로 만들기 시작한 곡의 매력을 끝까지 유지하고 싶다면 곡의 전반부에서는 부자연스럽다고 생각했던 다양한 요소를 활용하고, 후반부에서는 반대로 '자연스러운' 패턴을 과감하게 사용하겠다는 '계획'을 세울 필요가 있습니다.

이렇게 하면 듣는 사람에게 진심으로 전하고 싶은 부분이나 흐름이 더 부각되는 새로운 "구성"을 만들 수 있게 되는데, 부자연스러운 것들만으로는 좋은 곡을 쓸 수 없지만 자연스러운 것들만으로도 좋은 곡을 쓰기 힘들다는 사실을 꼭 명심합시다.

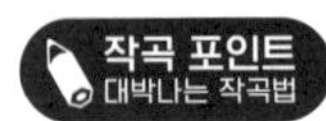

패턴의 좋고 나쁨은 '위치'나 '상황'에 따라 달라진다

있어야 할 것이 있고, 없어도 되는 것은 없는 상태를 '자연스러운 상태'라고 한다면 반대로 있어야 할 것이 없고, 없어도 되는 것이 있는 것은 '부자연스러운 상태'입니다.

듣는 사람에게 '자연스러운 느낌'을 전달하고 싶다면 '필요한 것만 있는 상태'를 만들어야 하고, 그 상태에서 '인트로'나 '브릿지' 같은 새로운 부분을 곡에 추가하고 싶다면 과거에 들어본 적 있는 명곡들에서 그것들을 어떻게 전개하고 사용했는지 다시 한번 살펴보고 리듬, 멜로디, 코드와 전체적인 구성 등을 분석해 볼 필요가 있습니다.

여러분도 저처럼 수많은 명곡과의 만남을 통해 음악에 대한 '이상적인' 미적 감각과 철학을 겸비하시기를 바랍니다.

'나무만 보고 숲을 보지 못한다.'라는 속담이 있는데, 저는 작곡이라는 행위는 '나무도 보고 숲도 본다.', '나무를 심어 숲을 만든다.'와 같은 말로 바꿔서 말해야 한다고 생각합니다.

작곡의 경우에는 '나무만 보고 숲을 보지 못하는 것'을 이론이나 지식만 앞선 나머지 결국 아무것도 만들지 못하거나 모처럼 만든 각각의 패턴이 전체적으로 어울리지 않는 좋지 않은 결과물이 되어 버리는 것을 의미합니다.

리듬과 멜로디, 코드와 패턴이라는 요소가 '나무'라고 하면 '숲'은 곡 전체라고 할 수 있습니다.

컴퓨터 등의 기기를 사용해서 소위 루프와 같은 기성 음악 파일을 느낌에 따라 잘 배열하면 노래방 반주나 MR과 같은 음원 정도는 누구나 손쉽게 만들 수도 있습니다(이론적인 지식을 축적할 뿐 아무것도 만들지 않는 것 보다는 훨씬 나을지도 모릅니다).

하지만 예를 들어 조화만 늘어선 화단과 흙을 갈고, 씨앗을 심고, 물과 비료를 정성껏 주며 꾸준히 가꾼 생화가 심겨 있는 화원은 그 의미와 가치는 물론이고 느껴지는 감동의 크기도 전혀 다를 것입니다.

이와 마찬가지로 듣는 사람에게 더 큰 감동을 전달하려면 "자연스러움"과 진짜만이 갖는 "아름다움"을 곡 속에 최대한 많이 담아야 합니다(여러분도 식당 등에서 자주 듣게 되는 히트곡을 BGM용 연주곡으로 다시 편곡한 음원을 들으며 아쉬움과 위화감을 느낀 적이 있으실 것입니다).

원래 라이브로 녹음해야 하는 보컬 파트를 전혀 다른 악기나 인공적인 음색의 연주로 대체하려면 그에 상응하는 기술이 필요한데, 만약에 저라면 음계 사이사이에 미묘한 음정 표현이 가득한 보컬 파트와 같은 부분을 표현하기 위해 수많은 시행착오를 거쳐 손에 넣은 기술과 노하

우를, 굳이 노래 파트가 아니라 반주 파트의 패턴이나 프레이즈에 사용해서 더 자연스럽고 아름다운 스트링이나 오케스트라 파트를 만드는 데 사용할 것입니다.

그리고 각 음에 비트감(=타임감)이나 왜곡(= 공기의 변화)을 더하거나, 음향효과(=노래 이외의 효과음 등)를 추가해 보거나, 싱코페이션(=당김음)이나 폴리리듬(=복합적인 박자)을 넣어 보거나, 각 음악 요소(=녹음이 끝난 데이터)의 위치를 일부러 다른 곳으로 이동시켜 보거나....

이와 같이 곡을 구성하는 '나무'를 더 인상적이거나 인간미 있는 상태로 만들면 그 집합체인 곡이라고 하는 이름의 '숲' 또한 단지 모습만 갖추어진 밋밋한 인공물이 아닌 훨씬 자연스럽고 아름다운 생명체로 다시 태어날 것입니다.

듣는 사람의 예측과는 다를 수도 있겠지만 그 이상의 기대에 부응하는 "대박 나는" 자극을 동반한 아름다움을 여러분의 곡이라는 들판에 나무를 심듯이 정성껏 심어 봅시다.

제 **6** 장

사운드를 구축하자

6-1 사운드란 무엇인가?

지금까지 리듬과 멜로디, 코드와 패턴을 구사하는 것을 익힌 여러분은 작곡에 필요한 대략적인 방법을 터득했다고 할 수 있습니다. 다만 그 방법을 바탕으로 만든 곡을 한층 더 "대박 나게" 하려면 각 곡을 적절한 '사운드'로 듣는 사람에게 전달해야 하는데 여기서 말하는 '사운드'란 '악기 편성'과 이로 인한 '음악의 분위기' 자체를 말합니다.

어떤 곡에도 그 곡에 알맞은 '사운드'가 있고 이것을 잘 이용하면 곡이 가진 '매력'이 듣는 사람에게 더 인상 깊게 전해지는데, 저는 '사운드'가 평범한 곡을 좋게 만들어주고 좋은 곡을 더 좋게 만들어 준다고 생각합니다.

좋은 곡이 완성되었다면 더 좋은 사운드 만들기를 목표로 삼고, 곡에 대한 아이디어가 아무것도 떠오르지 않았다면 먼저 마음에 드는 사운드를 의도적으로 연주해 봅시다. 이렇게 하면 마치 무에서 유를 창조하는 것처럼 곡의 이미지가 떠오를 것입니다.

그러나 여러분의 곡의 완성도에 대해 자신이 없을 때는 사운드에 너무 의존하지 말고 리듬, 멜로디, 코드를 기반으로 완성한 곡 자체의 매력을 살리는 데 집중합시다.

사운드는 곡에 입히는 '의상'과 같은 것이지 결코 그 곡 자체가 아닙니다. 이것을 명심한다면 '사운드'라는 개념에 대해 새롭게 의식하게 되고 여러분의 작품을 보다 "대박 나는" 상태로 완성할 수 있습니다.

이제부터 '사운드'가 가진 매력과 특성에 대해서 더 깊이 생각해 보도록 하겠습니다.

사운드는 패션과 마찬가지로 곡의 '시대상'을 반영한다

사운드는 어디까지나 그 곡을 더 매력적으로 만들기 위한 '의상'일 뿐 그 곡 자체가 아닙니다. 하지만 우리는 그 화려한 패션에 눈(음악의 경우는 귀)을 빼앗긴 나머지 그 의상을 걸친 사람(곡)의 본질을 미처 깨닫지 못하는 딜레마에 빠지곤 합니다.

즉 사운드에 집중하면 할수록 그 곡이 과연 오랫동안 사랑받을 만한 음악적 가치가 있는(일반적으로 말하는 상업적 가치와는 별개로) 작품인지 아닌지 알 수 없게 되는 악순환에 빠지게 됩니다(이것을 통해 유명 편곡자가 반드시 명 작곡가는 아니라는 사실을 알 수 있습니다).

그러나 마음속에 아무 이미지도 떠오르지 않는 단계부터 여러 소리와 악기를 의도적으로 접하다 보면 자신이 원하는 곡의 아이디어가 떠오르기도 하는데, 이렇게 좋든 나쁘든 '사운드'에는 그만큼 음악적인 힘이 있고 리듬, 멜로디, 코드라는 세 가지 요소와는 또 다른 의미에서 매우 중요한 요소임이 분명합니다.

사운드로 곡을 장식할 때는 제일 먼저 그 곡을 어떤 '음색'으로 연주할 것인지 생각해야 합니다. 음색이란 음의 색, 즉 곡의 '색채' 또는 소리가 '들리는 형태'로 바꾸어 말할 수 있는데 여기에는 '악기 소리'는 물론이고 그 이외의 '다양한 소리'가 추가됩니다.

이와 같은 '음색'에 대한 가능성이라는 팔레트에 있는 물감 색깔의 수를 늘려서 잘 사용하려면 매일 스스로에게 아래와 같은 다짐을 스스로에게 해야 합니다.

이 세상에 존재하는 모든 음색을 정리하고 파악하자

음색은 평소에 들어보며 카테고리별로 정리해 두면, 머릿속에 있는 소리의 이미지와 일치하는 '음색'을 바로 선택해서 사용할 수 있게 될 것입니다.

저도 그렇지만 사람은 모두 부족한 상태보다는 풍족한 상태를 선호하는 경향이 있는데(특히 물건이나 통장 잔고에 대해서), 이것은 음색의 경우에도 마찬가지이기 때문에 평소에 다양한 느낌의 음색을 충분히 준비해 두어야 그만큼 "대박 날" 가능성도 커질 것입니다.

여러분의 곡을 누군가에게 전달할 때 "음색"에 집중하는 것부터 시작해 봅시다.

곡의 '리듬/멜로디/코드'에 어울리는 음색을 찾는 데 노력을 아끼지 말자

우리는 평소에도 다양한 종류의 '소리'에 둘러싸여 생활하고 있습니다.

- 소음(일상에 넘치는 노이즈나 잡음)
- 조음(명료하지 않은 음의 울림 등)
- 악음(계이름이 명확한 악기 소리 등)

위와 같은 소리가 우리의 의식과 감정에 어떤 느낌으로 들리는지에 관한 방법과 종류, 차이를 '음색'이라고 하고 악기의 종류와 구조 또는 음악 장르나 분위기 등에 따라 분류할 수 있습니다.

피아노인가, 기타인가, 다른 악기인가?	어쿠스틱인가, 일렉트릭인가?
소박한가, 화려한가?	동양적인가, 서양적인가?
세계적인가, 민족적인가?	재즈인가, 록인가, 팝인가?
전위적이고 실험적인가, 보수적이고 회고적인가?	밝은가, 어두운가?
따뜻한가, 차가운가?	격렬한가, 차분한가?
무미건조한가, 감성적인가?	좋아하는 소리인가, 싫어하는 소리인가?

위의 예와 같이 막연하게 존재하는 '소리'의 느낌을 먼저 각자가 이해하기 쉬운 단어로 다시 생각해 보면 모든 소리가 '음색'으로서 각각의 개성이나 용도가 있다는 것을 깨닫게 될 것입니다.

'작곡한 곡의 리듬, 멜로디, 코드에 어울리는 소리는 어떤 것인가?', '여기에 일부러 개성 있는 소리를 추가하면 어떻게 될 것인가?' 등과 같이 각각의 곡이 가지는 특징을 항상 '음색'부터 깊이 생각해 보는 습관을 갖게 된다면, 작곡가로서 '사운드' 공략의 첫걸음을 내디딘 것입니다.

6-3 음역에 관해서

음역이란 악기나 목소리 등의 '발음(소리를 냄) 가능한 음 높이의 범위'를 말합니다. 각각의 음색에 어울리는 음역을 고려해서 사운드를 만들지 않으면 그 곡을 실제로 연주하거나 부를 수 없는 사태가 생길 수 있는데, 음역을 의식하는 것은 그 곡이 연주자나 가수에게 사랑받느냐, 아니냐를 결정합니다.

특히 보컬로이드*나 DAW 등 컴퓨터상의 '데이터'로서 소리를 수집하는 경우, 이 '음역'은 더욱 중요한 의미를 갖게 됩니다. 음색의 발음에 제약이 적은 컴퓨터로 작곡할 때 음역의 폭을 인위적으로 제한해서 사용하면 듣는 사람에게 더 자연스러운 사운드가 되고, 반대로 제한을 없애버림으로써 의도적으로 몽환적인 사운드를 만들어낼 수도 있습니다.

악기나 가수의 음역을 고려해서
→ 연주할 수 있는 음역 내에서 사운드를 만든다
→ 의도적으로 음역대를 무시해서 놀라움을 선사한다

듣는 사람과 연주자의 존재를 소홀히 한 사운드는 "대박 나는" 곡에 절대 도움이 되지 않습니다.

타인의 존재를 분명하게 의식한 "프로다운 작곡"을 실현하고 싶으시다면 항상 "음역"을 고려한 작업이 가능하도록 주의해야 할 것입니다.

---

* 보컬로이드　일본의 야마하(Yamaha)가 개발한 컴퓨터 음악 제작을 위한 음성 합성 엔진으로 가사와 멜로디를 입력하면 인공적으로 사람의 목소리를 만들어 낼 수 있다.

음역이 갖는 '매력적인 범위'를 파악하자

작곡가가 가장 먼저 생각해야 하는 '음역'이란 멜로디를 담당하는 음의 상한선부터 하한선까지의 '넓이'를 나타내는 '발음 가능한 영역'을 의미하는데, 먼저 곡의 멜로디를 연주하는 목소리나 악기가 높은 소리와 낮은 소리를 어디까지 낼 수 있는지 정확하게 파악해야 합니다. 작곡자 본인이 아닌 다른 사람이 노래하는 것을 전제로 작곡하는 경우에는 소리 낼 수 있는 음역대를 잘 파악해 두지 않으면 음역대에 맞는 멜로디를 작곡할 수 없습니다.

특정 악기로 멜로디를 연주하는 경우도 이와 마찬가지인데, 악기의 음역대를 사전에 파악해 두지 않으면 모처럼 만든 곡을 세상에 내놓기도 전에 '실연(실제로 연주) 불가능'한 최악의 상황이 생길 수도 있습니다. 가수와 악기의 '음역'을 '사전에' 파악해야 한다는 것은 여러 번 강조해도 지나치지 않을 만큼 중요합니다.

그리고 위의 내용을 바탕으로 생각해 보아야 할 또 다른 의미의 '음역'이란, 곡에 사용하는 '음색'의 발음 가능한 음 높이의 범위 중 '어디서부터 어디까지를 실제로 사용하는가?'라는 구체적인 '사용 범위'로서의 음역입니다.

막연하게 '좋은 베이스 소리'를 곡에 사용하려고 해도 그 음색이 갖는 '매력적으로 들리는 베이스 특유의 좋은 음역대'를 모른 채 무턱대고 사용한다면 당연히 그 사운드는 듣는 사람에게 "대박 나는" 것이 되지 못할 것입니다.

이 외에도 A 파트, B 파트, 코러스와 같은 각 부분마다 서서히 고조되는 멜로디를 만들고 싶은 경우나 탄력 있고 기분 좋은 백킹 사운드 구축이 필요할 때도 사용하는 음색과 보컬 파트의 음역대 설정이 매우 중요한 요소가 됩니다.

이처럼 보다 좋은 사운드를 각각의 곡에서 추구하고 싶다면 그 곡에 알맞은 "음역"을 항상 의식하고 파악해 두어야 합니다.

6-4 음질에 관해서

음질이란 글자 그대로 소리의 '질'을 말합니다. 제가 생각하는 소리의 '질'은 그 소리가 갖는 '매력' 자체인데 이것을 원래 상태 그대로 들을 수 있는 '환경'의 질도 중요합니다. 그리고 소리 자체에 대한 '취향'의 질도 잊어서는 안 됩니다.

일반적으로 '음질'은 '좋은 편이 바람직하다'고 하지만 다양한 면을 가진 '음질'에 대해 '이래서 좋다'고 단정 짓기는 쉽지 않습니다.

그래서 이 책에서는 '좋은 음질'을 다음과 같이 정의하겠습니다.

개개인이 원하는 소리의 매력이 최대한 손상되지 않은 상태

이렇게 생각하면 컨디션 관리, 악기 관리를 잘하는 것, 고사양의 녹음 재생 장치를 손에 넣는 것 또는 상상한 느낌의 음색을 섬세하게 만드는 것 등 작곡가나 곡에 있어서의 '좋은 사운드'를 더욱 깊이 있게 추구할 수 있게 될 것입니다.

LP부터 CD 그리고 음원 서비스에 이르기까지 곡의 기록 매체의 변천에 따라 각각에 맞는 '음질'도 변화를 거듭해 왔는데, 이와 반대로 각 매체와 음질에 맞춰서 작곡하는 현상(입고 싶은 옷을 위해서 다이어트하는 것처럼)이 이제는 당연한 시대가 되었습니다.

각자의 환경이나 취향에 맞는 '음질'로 완성된, 자신과 듣는 사람 그리고 곡 모두에게 있어서 더 좋은 사운드를 상상해 보고 그 사운드가 빛을 발할 수 있는 새로운 곡과의 만남을 실현할 수 있도록 꾸준히 노력합시다.

'음질의 좋고 나쁨'에 좌우되지 않는 곡이야 말로 좋은 곡이다

소리에는 물리적인 측면(공기의 진동)과 감각적인 측면(어떻게 들리는가?) 그리고 음악적인 측면(왜 연주하는가?)이 있는데, 이 모든 면을 종합해서 음의 질, 즉 음질에 대해 평가하게 됩니다.

직접 들을 때 둥두구둥 중저음 <물리적> 소리가 새어 나와 윙윙거리는 소리
기분 좋음 <감각적> 민폐
최고의 BGM <음악적> 그냥 소음

물리적으로 좋은 소리를 얻기 위해서는 고도의 기술과 고가의 장비가 필요하고, 감각적으로 좋은 소리를 얻기 위해서는 그 소리를 있는 그대로 재현하고 들을 수 있는 장치나 환경을 갖춰야 합니다.

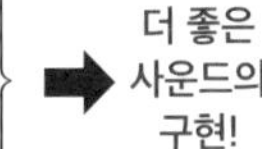

---

* 이퀄라이저   음질 자체를 보정, 개선하는 장치

예를 들어 좋아하는 사람에게 고백하기 위해 만든 곡이 있다고 합시다. 큰 소리로 외치듯이 노래하느냐, 귓가에 작게 속삭이듯이 노래하느냐에 따라서 그 곡이 상대방에게 주는 느낌은 전혀 다를 것입니다.

그리고 이때 함께 들리는 악기 연주 역시 크고 웅장하게 연주하는지, 작고 소박하게 연주하는지에 따라 느낌이 다를 것입니다.

이처럼 소리와 소리의 크기를 나타내는 '성량과 음량'의 차이도 '사운드'에서 빼놓을 수 없는 요소 중 하나인데, 이 균형을 잘 잡아주면 곡의 느낌을 한층 더 좋게 만들 수 있습니다.

좋은 느낌 = 다양한 소리의 '음량 밸런스'가 정돈된 상태

여기서 말하는 '정돈된 상태'는 우리가 들려주고 싶은 모든 소리가 상상한 대로 정확하게 듣는 사람에게 전달되는 것을 의미하는데, 너무 크지도 작지도 않은 각각의 독립적인 소리가 "하나임과 동시에 전체로서 제대로 기능하고 있는" 모습을 말합니다. 음량에 대한 '균형 감각'을 바탕으로 이것들을 '조정'하는 행위가 과거에는 보통 엔지니어라고 불리는 전문가들의 특권이었지만 현재는 작곡할 때 빼놓을 수 없는 작업 공정 중 하나로서 프로, 아마추어를 불문하고 누구나가 당연히 이것을 의식하고 직접 조정하는 일도 흔해졌습니다.

여러분도 각각의 곡에 어울리는 '음량 밸런스 정돈 방법'을 모색해 보시기 바랍니다.

 "곡 전체에 최적의 음량"을 설정하자

세상에는 소리의 양이나 크기의 차이를 각각의 상황에 따른 형태로 나타낼 수 있는 여러 가지 단어와 표현이 존재합니다.

- 소리 자체의 크기 차이 = 데시벨(dB)
- 소리가 듣는 사람에게 어느 정도의 크기로 느껴지는가 = 폰(phon)
- 노래를 부르거나 악기를 연주하는 '강도' = 벨로시티
- 보컬이나 악기 음색의 '감쇠' 또는 '증폭' = 익스프레션

다음으로 각각의 용어의 '차이'에 대한 저의 견해를 정리해 보겠습니다.

【음량 단위】

데시벨 → '절대'적(물리적) 음량

폰 → '상대'적(감각적) 음량

【악기의 주법 및 사양에 관한 용어】

벨로시티 → 소리가 나는 '순간'의 강약

익스프레션 → 소리의 '느낌을 표현하기 위한' 강약

【소리 입력 및 출력에 관한 용어】

트림(Trim) → 소리의 '입력'량('줄이다'가 어원)

게인 → 소리의 '입력'량('늘리다'가 어원)

볼륨 → 소리의 '출력'량(각 트랙의 음량)

마스터 볼륨 → 소리의 '출력'량(곡 전체의 음량)

　‘음량’과 비슷한 표현으로 ‘음압’이라는 것이 있는데 이는 이름대로 소리의 ‘양’이 아니라 ‘압(힘)’을 의미합니다. 소리를 ‘압축’해서 음향적으로 ‘박력’ 있는 느낌을 만들고 싶을 때 사용됩니다.

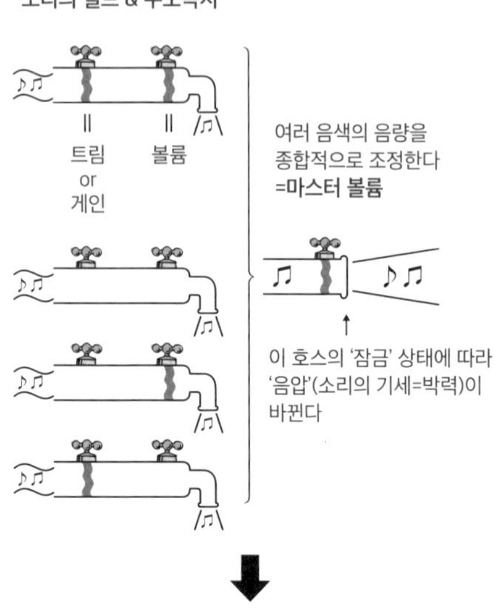

　이처럼 ‘음량’과 ‘음압’을 효과적으로 사용하면 원래의 음색이나 음역, 음질을 토대로 한 사운드가 ‘더 좋은 사운드’, 즉 “대박 나는” 상태로 거듭나게 됩니다.

음상(音像; Sound Image)이란 우리가 소리를 들을 때 느끼는 소리와의 '거리감'과 '방향성'에 관련된 감각을 의미합니다. 동시에 울리는 음색들 또는 듣는 사람과 소리와의 '위치 관계'를 어떻게 설정하느냐에 따라 최종적인 '사운드로서의 형태'가 결정되는데, '모노와 스테레오'의 차이나 3D에서 느낄 수 있는 '입체감' 등도 이 '음상'의 개념 중 하나라고 할 수 있습니다.

음상의 예

작곡가의 관점에서는 입체적이고 현장감 있는 사운드만이 "대박 나는" 사운드라고 할 수는 없는데, 오히려 소박하고 아담하다 못해 귀여운 느낌마저 드는 음상이 듣는 사람의 취향에 잘 맞는 경우도 있습니다.

따라서 곡에 맞는(또는 곡이 요구하는) 음상 처리 방법을 연구하는 것이 우리에게 남겨진 마지막 '과제'입니다.

'음상'이란 소리가 어떤 환경에서도 '이렇게 들렸으면 좋겠다'고 바라는 이상적인 모습이다

우리가 음상을 다룰 때 의식해야 할 내용은 다음과 같습니다.

- 모노(단일 채널)여야 하는가,
  스테레오(복수 채널)여야 하는가?
- 스테레오의 경우에는 팬(=팬팟)*을 어떻게
  설정할 것인가?

또한 딜레이나 리버브 등의 공간계 이펙터를 추가하거나 이퀄라이저(=EQ) 등으로 음질 자체를 개선하면 더욱 깊이감 있는 입체적인 음상을 만들 수 있습니다.

서라운드 시스템의 예

최근에는 듣는 사람이 뒤에서도 소리의 존재를 느낄 수 있게 해주는 '서라운드' 시스템과 같은 특수한 재생 환경도 당연한 것이 되었고, 현장감 넘치는 리얼한 음장(음이 존재하는 공간)과 사운드를 3D로 현실에 가깝게 재현하는 것도 가능해졌습니다.

여러분이라면 이런 환경에서 어떤 곡과 음상을 만드시겠습니까?

---

* 팬(=팬팟)　소리 신호를 두 개의 스피커 혹은 버스로 전달할 때 각각의 크기를 조정하기 위해 사용하는 전위차계. 이것을 통해 좌우 두 스피커 간의 소리 위치(=정위감)가 결정된다.

6-7 좋은 사운드란 무엇인가?

　다양한 음색과 음역에 대해 그 음질과 음량을 고려한 다음 최종적인 음상을 상상하면서 모든 소리를 하나의 '사운드'로 정리해 가는 과정과 공정을 통해, 여러분이 상상한 대로의 결과를 얻을 수 있도록 다시 한번 사운드의 원점인 '소리' 자체가 갖는 구조와 특성에 대해 정리해 봅시다.

　'다양한 음색의 조합'을 통해 '하나의 사운드'가 탄생하는 것처럼 이 세상에 존재하는 '소리' 자체도 그것이 마치 하나의 '사운드'인 것처럼 '다양한 소리 성분의 조합'으로 이루어져 있습니다. 이와 같은 성분의 존재에 대해 이해해 두면 어떤 곡도 훨씬 "대박 날" 수 있게 될 것입니다.

- 주파수 → 소리가 전달될 때의 '진동'의 단위('Hz(헤르츠)'로 표시)
- 대역 → 주파수가 갖는 특정 범위(음악의 음역과 같은 것)
- 기음 → 소리를 구성하는 복수의 주파수 성분의 가장 기본이 되는 낮은 소리
- 배음 → 기음에 대한 정수배('2배' 이상의 수)의 주파수를 가진 소리의 성분

　위와 같은 사항을 바탕으로 인간의 귀에는 들리지 않는(또는 둔감한) 주파수와 대역, 배음의 정보를 잘라서 소리의 데이터양을 가볍게 하거나, 반대로 상황에 따라 소리의 성분만 강조하는 등의 접근을 시도할 수 있습니다.

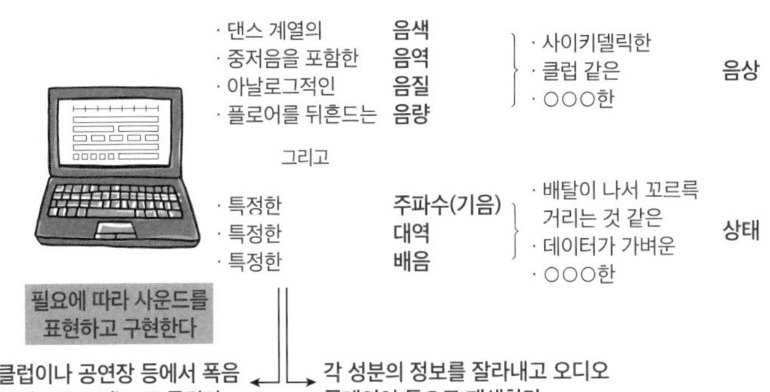

· 댄스 계열의　　음색
· 중저음을 포함한　　음역
· 아날로그적인　　음질
· 플로어를 뒤흔드는　　음량
그리고
· 특정한　　주파수(기음)
· 특정한　　대역
· 특정한　　배음
· 사이키델릭한
· 클럽 같은　　음상
· ○○○한
· 배탈이 나서 꼬르륵
　거리는 것 같은
· 데이터가 가벼운　　상태
· ○○○한
필요에 따라 사운드를
표현하고 구현한다
클럽이나 공연장 등에서 폭음
(爆音: 큰 소리)으로 들린다
각 성분의 정보를 잘라내고 오디오
플레이어 등으로 재생한다

소리가 가진 '성분'을 컨트롤하자

　그랜드 피아노의 최고 음역과 최저 음역 근처의 건반을 눌러서 잘 들어보면 몇 가지 소리가 동시에 들리는 것 같은 느낌이 들 때가 있는데, 이것은 해머가 현에 닿을 때의 '타건음'과 현의 진동을 통해 만들어지는 '기음'과 '배음' 등 다양한 "소리의 성분"이 동시에 들리는 것입니다.

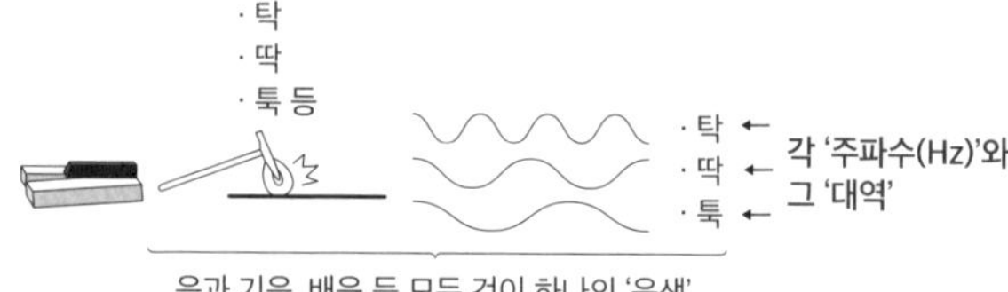

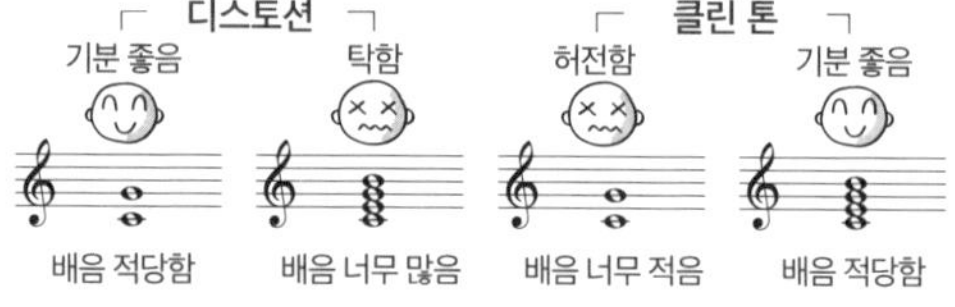

디스토션

클린 톤

그리고 록적인 디스토션 기타나 재즈 스타일의 클린 톤 기타 등 각 장르에 어울리는 음색에 따라 '기분 좋게' 들리는 코드(구성음)의 느낌도 각각 다릅니다.

이와 같이 우리는 평소에 음색이 가진 소리의 '성분'을 무의식중에 느끼고, 그것들이 불러일으키는 감각에 '영향'받고 '지배'당하고 있습니다.

즉 모든 '주파수'와 '대역'으로 구성된 '배음'이 넘치는 풍부한 '전체'의 실현이야말로 우리가 궁극적으로 추구해야 할 "좋은 곡"과 "좋은 사운드"의 실체입니다.

마지막으로 저의 어느 날의 작업 풍경을 소개합니다.

'자, 시작해 볼까….'(컴퓨터를 켜고 기타를 잡는다)

'우선 코러스부터….'(전에 상상해 둔 멜로디의 코드를 건반과 기타로 확인한다)

'랄랄라~ 빰빰빰….'(컴퓨터의 전원을 켜고 DAW 앱의 아이콘을 클릭하면서 콧노래를 부른다)

'템포는 이 정도면 되나….'(DAW 상에 미리 준비해 두었던 4박 계열의 리듬을 재생한다)

(DAW에 멜로디를 입력한다)

(이어서 간단한 코드를 입력한다)

'….이런 느낌이라면 인트로는….'(코러스 파트를 마무리하는, 흐름을 해치지 않고 연결할 수 있는 인트로를 구상한다)

(코러스 전체의 느낌과 어울리는 인트로의 리듬, 코드, 메인 멜로디를 코러스 뒷부분에 입력한다)

'….베이스는 어떤 악기로 할까?'(베이스의 음색을 곡의 인트로와 코러스에 어울리는 음역을 확인하면서 정한다)

(인트로와 코러스에 베이스를 입력하고 코러스의 리듬을 보정한다)

(코러스 뒤에 만든 인트로를 곡의 제일 앞에 복붙한다)

'….일단 드럼 필인 추가….'(곡의 첫 인트로가 시작되는 도입부를 결정한다)

'좋았어! 그럼, A 멜로디는….'(기타로 코러스나 인트로부터의 흐름을 해치지 않게 A 멜로디의 코드 진행을 구상한다)

'랄랄라….'(다음에 오는 코러스 또는 B 멜로디로 자연스럽게 연결되도록 만든 A 멜로디를 기타 반주에 맞춰 콧노래로 확인한다)

(DAW에 멜로디를 입력한다)

(인트로부터의 흐름을 해치지 않게 A 멜로디의 리듬과 베이스를 입력한다)

(코드를 입력한다)

'.....그럼 B 멜로디는.....'(먼저 진짜 필요한지 잘 생각해 보고 필요하다면 A 멜로디 때
와 같은 방법으로 입력한다)

'한번 들어볼까.....?'(물도 좀 마실 겸 지금까지 입력한 것을 전체적으로 들어본다)

(각 음의 음질과 음량을 조절하면서 다시 들어본다)

'.....이 부분은 좀 더 강조할까?'(인트로, A, B, 코러스 각 파트가 시작될 때나 끝날
때 등에 브레이크 또는 어울리는 음을 추가해서 강조한다)

(다시 여러 번 들어보며 사운드적으로 부족한 요소를 검토한다)

'......됐어, 이제 기타를 녹음할까?'(마이크와 인터페이스를 세팅하고 기타 녹음을
준비한다)

(기타 녹음)

(들어 보면서 연주와 음상을 보정한다)

'.....좀 쉬자.....'(휴식 후 맑은 정신으로 다시 여러 번 들어보며 보정한다)

'.....이제 가이드 녹음을 해볼까.....Oh baby yeh.....랄랄라'

(멜로디의 매력을 돋보이게 하는 가사를 즉석에서 생각하며 녹음한다)

(들어본다)

'.....흠.....'(메인 멜로디를 들으면서 필요시 코러스 등을 녹음한다)

'.....좋아, 이제 밥 좀 먹자!,(보컬 녹음을 고려해서 녹음 후에 식사 타임을 갖는다)

'.....자, 이제 정리해 볼까.....'(녹음을 마친 보컬 파트의 사운드 처리 후 반주와의 밸
런스를 확인한다)

'코러스 파트를 조금 더 고조시킬까.....?'(새로운 음색 등으로 코러스를 더 인
상적으로 만든다)

(들어본다)

(새로운 음색을 추가해서 달라진 사운드의 균형을 맞춘다)

(들어본다)

'.....브릿지 파트도 미리 만들어 둘까?'(그리고 다음 날 아침까지 작업은 계속
된다.....)

슌류

×

우에다 타츠지

<table>
<tr><td>Profile
슌류

직업 : 작곡가
성별 : 남성
혈액형 : O형
별자리 : 염소자리
작곡에 참여한 주요 아티스트 : AKB48, SKE48,
치하라 미노리, 미즈키 나나, 유이카오리</td></tr>
</table>

좋은 곡과 잘 팔리는 곡

우에다 저의 제자였을 때 슌류 씨가 만든 곡은, 사운드는 아직 미숙해도 멜로디와 코드의 관계성도 훌륭하고 곡 자체가 매우 인상적이었습니다. 저는 의도하지 않아도 자연스럽게 곡에 배어 나오는 것이 그 사람의 진짜 모습이라고 생각하는데, 당시부터 '슌류다움'이 느껴졌습니다. 슌류 씨가 생각하는 좋은 곡의 정의는 무엇입니까?

슌류 한마디로 표현하면 희로애락이 모두 포함된 '감동적인 곡'입니다.

우에다 그렇군요. "나 좀 봐! 나 좀 봐!"라고 하는 것 같은 자기주장이 아니라 들어주는 사람의 마음이 중요하다는 것이군요. 곡을 들으며 감동하거나 누군가를 생각하거나 사물을 떠올리는 '감정이입'이 가능하다는 것은 매우 중요합니다.

슌류 TV에서 나오는 곡이나 아이돌이 부르는 곡은 많은 사람들이 듣지만, 게임 주제가 등의 경우에는 그 게임을 구입하는 극히 한정된 사람들만 들을 것입니다. 하지만 들어주는 사람의 수가 많은지 적은지와 관계없이 우선 듣는 사람을 의식하면서 곡을 만드는 것이 중요하다고 생각합니다. 여러 가지 스타일의 곡을 쓰게 돼서 더 그런 생각이 듭니다.

우에다 그 곡을 듣는 사람이 실제로 좋은 곡이라고 느끼는 것이 중요하다는 것이군요. 세상 사람들에게 잘 팔리는, 이른바 히트곡이라는 것도 있는데 '잘 팔리는 곡'과 '좋은 곡'의 차이가 뭘까요? 혹시 곡을 만들면서 '이건 좋은 곡이 될 거야!'라고 생각해 본 적이 있으십니까?

슌류   (웃으며) 있습니다.

우에다   그럼 '이건 팔린다!'라고 생각한 적은요?

슌류   (웃으며) 없습니다.

우에다   그렇군요. 자기가 좋다고 생각하는 곡이 많은 사람에게도 사랑 받았
         다면 그 곡은 팔린다=히트곡이 되겠지만, 그 곡에 대한 자신의 평가
         와 세상의 반응이 반드시 일치하지는 않는다고 생각하시는군요.

슌류   곡이 히트하기 위해서는 여러 가지 요소가 필요하다고 생각합니다.
         곡의 좋고 나쁨에 관계없이 그 아티스트의 팬이기 때문에 CD를 사
         주시는 분들도 많이 계시니까요.

우에다   이 '좋은 곡=히트곡?'이라는 주제는 좀 어렵네요. 무엇을 근거로 세
         상 사람들이 그 곡을 원하는지, 그 이유는 역시 그 곡이 가지는 '좋은
         점' 때문이라고 믿고 싶습니다.

슌류   하나의 곡이 세상에 나오기까지의 과정을 살펴보면 작곡가가 만든
         곡을 우선 프로듀서나 클라이언트가 판단하고, 그다음에 작사가가
         가사를 얹고, 가수가 녹음하고, 엔지니어가 믹싱하는 단계를 거쳐
         서 곡이 완성되는데, 그 곡이 저의 의도와 전혀 다른 것이 되어 버
         렸다 해도 저는 제 생각을 고집하거나 항의할 생각이 없습니다. 사
         람들과의 연결을 통해 곡을 만들고, 곡이 완성되면 듣는 사람에게
         제공하면 된다고 생각하고 제가 노래하는 입장이 아니라서 그런가
         봐요.

우에다   그 과정은 곡이 좋아지는 것이 전제이기 때문에 결국은 함께 일하면
         서 지지자가 한 명씩 늘어나는 셈이군요. 그 연장선상에 '팔리는 곡'이
         있기 때문에 곡을 만든 사람이 자기 생각만을 고집하면 잘 팔릴 곡도
         안 팔릴 것 같습니다.

슌류   그렇죠. 만든 곡이 어떻게 변하든 들어주는 사람에게 전달하고 싶고,
         감동시키고 싶은 마음은 변함없었으면 좋겠습니다. 제가 생각하는
         좋은 작곡가란 그런 사람인 것 같습니다. 경력이 쌓여도 그 생각은
         흔들리지 않았으면 좋겠습니다.

작곡가로서의 기쁨

슌류　함께 일했던 가수가 그분에게 드린 곡이 아닌 제 곡을 일하는 동안 무심코 콧노래로 부른 적이 있는데, 그때 제가 작곡가인 것이 정말 다행이라는 생각이 들어서 매우 기뻤습니다.

우에다　일상에서 누군가 문득 떠올리거나 흥얼거리는 곡이 자신의 곡이라면 작곡가로서 정말 뿌듯할 것 같은데, 어떤 의미에서는 그것이 궁극적인 "대박"일지도 모르겠습니다.

슌류　네. 결혼식장 등에서 제 곡을 틀어놓거나 연주하는 것도 굉장히 기쁩니다.

우에다　누군가의 일상에 녹아들고 싶다는 바람은 작곡가라면 누구나 갖고 있는 바람일지도 모릅니다.

곡을 제작할 때 중요한 것

우에다　슌류 씨는 곡을 만들 때 무엇을 중요하게 생각하십니까?

슌류　저는 보컬 곡을 만들 때가 많은데 역시 노래할 가수를 가장 먼저 생각합니다. 예를 들어 애니메이션 음악의 경우 이미 캐릭터가 설정되어 있다고 해도 실제로 노래하는 사람을 어느 정도 고려해서 만들기는 합니다. 거기에 너무 비중을 둬서 곡이 엉망이 될 때도 있지만요....

우에다　보컬의 존재를 항상 의식하는 것은 한창 작업 중일 때는 의외로 깜빡하고 잊어버리기 쉬운데, 보컬 곡은 노래가 들어가기 때문에 사실 아주 중요한 일이지요. 가끔은 곡이 잘 안 써질 때도 있으실 텐데 그럴 때는 어떻게 하십니까?

슌류　앞으로 작곡을 시작하려는 분들께 조언드릴 겸 제 경험을 이야기해 보면 평소 자신이 좋아하는 곡의 아이디어, 멜로디, 코드를 참고해서 비슷한 곡을 본인만의 감각으로 만들어 보는 것도 좋습니다. 아무리 비슷하게 만들어도 결국은 '나다운 곡'으로 완성될 것이고 그 자체로 이미 훌륭한 작품입니다.

우에다　곡이 안 써지는 것은 아웃풋을 할 수 없다는 것이니까 그때에는 인풋

이 필요하다는 말씀이군요. 여러 곡을 듣거나, 공연을 보러 가거나, 영화나 전시회를 보는 것도 아주 좋은 방법이라고 생각합니다. 혹시 슌류 씨만의 작곡법 같은 것이 있으신가요?

슌류 일반적인 방법이겠지만 피아노나 기타, 다양한 악기로 작곡하기도 하고 흥얼거리며 곡을 만들기도 합니다. 말씀드리고 보니 딱히 특별한 방법은 아니네요.

우에다 만약 평소에 '이건 대단한 작곡 기법이야!'라고 생각하면서 곡을 만든다면 도리어 위험할 수도 있겠어요.

슌류 네(웃는다). 자뻑은 하지 않는 것이 좋고 자연스럽게 만드는 것이 좋죠!

우에다 완전 공감합니다! 혹시 따로 저장해둔 코러스 파트가 있습니까?

슌류 당연하죠.

우에다 지금 '당연하다'고 하셨는데 독자분 중에는 '진짜!?' 하고 놀라는 분들도 있겠네요. 해외에서 많이 사용되는 방법인데 여러 명이 하나의 작품을 만들 때 각자가 본인이 만든 최고의 코러스 파트를 가지고 와서 만드는 경우가 많습니다. 국내에서도 이 방법을 쓰기 시작한 곳이 많고요.

슌류 이 방법이 유행하면 재미있을 것 같네요.

작곡가가 되기 위해 필요한 것

우에다 슌류 씨가 생각하는 작곡가가 되기 위해서 필요한 조건은 무엇입니까?

슌류 음악을 좋아하고 계속할 수 있을지의 여부가 첫 번째 조건이고 근거 없는 자신감이라도 일단 갖는 것이 중요합니다. 저도 그랬고요(웃으며).

우에다 저도 마찬가지입니다. 자신감은 절대 줄일 필요가 없다고 생각합니다. 제일 안 좋은 것은 뭐든 시작하기도 전에 잘 안될 거라고 생각하는 것입니다.

슌류　　결국 좋은 결과든, 나쁜 결과든 자신이 선택한 대로 됩니다.

우에다　자신이 하고 싶은 것뿐만 아니라 해야만 하는 일에도 최선을 다하다 보면 의외의 돌파구를 발견하기도 합니다. 아무튼 무엇이든 절대 중간에 포기하지 않겠다는 각오 없이는 곡도 완성되지 않습니다.

슌류　　맞습니다. 용기와 각오의 연속입니다.

앞으로의 음악 업계

슌류　　요즘 음악시장이 굉장히 자유로워진 것 같습니다. 동영상 사이트 등에서 언제든지 새로운 음악을 클릭 한 번에 들을 수 있게 된 것이 음악을 즐기는 입장에서는 나름대로 좋은 일이라고 생각합니다. 하지만 음악은 혼자서는 만들어낼 수 없죠. 역시 사람과의 관계가 중요합니다.

우에다　작곡가를 목표로 하는 사람은 그 부분도 명심하셨으면 합니다.

슌류　　네, 명심하겠습니다. 늘 혼자서 음악을 듣거나 곡을 쓰지만 평소에 친구나 부모님, 주변 사람을 아끼고 감사하는 마음을 잊지 않는 것이 곡 만드는 것 자체를 돕는다고 생각합니다.

우에다　일도 결국 사람과의 연결과 인연에서 비롯되니까요.

슌류　　그렇죠. 감정을 억누르지 않고 슬플 때는 슬퍼하고 기쁠 때는 남보다 더 기뻐할 수 있는 감수성도 인간적인 부분에서는 물론이고 곡 만들기에서도 적지 않은 영향을 줄 것으로 생각합니다. 자신과 관계와 감정 모두를 소중히 하다 보면 자연스럽게 좋은 결과로 이어질 거라고 생각합니다.

우에다　곡을 만드는 것은 궁극적인 자기 긍정입니다. 스스로 결정한 의지와 결정을, 곡을 통해 표현하고 있기 때문에 작곡가가 자신의 감정을 억제하면 한계가 생길 것이고, 반대로 슌류 씨의 말씀처럼 남들보다 더 즐거워하거나 슬퍼할 수 있는 감수성이 있다면 곡 제작의 폭이나 가능성이 더 넓어질 것이라고 생각합니다. 마지막으로 앞으로의 음악 활동에 대한 계획을 말씀해 주시겠습니까?

슌류   음악 업계의 분위기를 더 띄우고 싶고 도움을 드리고 싶습니다. 상품
적으로도 가치 있고 많은 분이 듣고 싶어 하는 곡을 앞으로도 많이
만들고 싶고, 음악적으로 인정받는 아티스트가 많아졌으면 좋겠습니
다. 바쁠 때는 어쩔 수 없지만 가능한 한 사람들과 자주 어울리고, 여
행도 다니고, 좋은 경치를 보며 많은 것을 느끼고, 그것들을 다음 작
품에 반영하고 싶습니다.

마츠다 준이치

×

우에다 타츠지

Profile
마츠다 준이치

1983년 오사카 출생. 3세부터 바이올린을 시작했다. 고무로 테츠야를 동경해 유년기부터 작곡과 키보드를 시작했다. 16세 때 에이벡스(현 에이벡스 엔터테인먼트)에 보낸 데모 테이프(100곡 이상!!)를 계기로 17세에 하마사키 아유미 「Endless sorrow」를 편곡해 전속 작곡가가 되었다. 이후 뮤지컬과 무대 음악 제작에 참여하는 한편, 장르와 레이블의 틀을 넘어 다양한 아티스트의 편곡과 프로듀싱에 다수 참여했다.

대표곡에는 하마사키 아유미 「Daybreak」, 영화 『착신아리』 중 「죽음의 벨소리」, SUPER☆GiRLS 「MAX! 소녀의 마음」(제53회 『빛난다! 일본 레코드 대상』 신인상), 「여자력←파라다이스」(오리콘 데일리 1위) 등이 있다.

작곡을 시작할 무렵

우에다   작곡은 언제부터 시작하셨습니까?

마츠다   원래 처음에는 바이올린을 배웠는데 당시부터 간단한 곡을 만들거나 기존 곡을 마음대로 바꿔보곤 했습니다. 미디를 시작한 것은 초등학교 5학년 정도부터입니다.

우에다   어떤 장비로 미디를 했나요?

마츠다   카시오의 장난감 키보드요. 고무로 테츠야 씨를 동경하고 있었기 때문에 프레이즈를 흉내 내거나 '누군가의 곡처럼 만들기'를 하며 놀았습니다.

우에다   작곡가가 된 지금도 우리가 평소에 하는 행동은 예나 지금이나 결국 똑같군요. 곡을 의뢰할 때도 '○○의 곡처럼 부탁드립니다'와 같이 요청하기도 하죠.

슬럼프, 그리고 부활

우에다   도저히 곡이 안 써질 때는 어떻게 하십니까? 지금까지 슬럼프라는 걸 겪어본 적은 있으신가요?

마츠다   딱 한 번 있습니다.

우에다   한 번이요? 한 번 뿐이라고요!? 그게 언제쯤이었습니까?

마츠다 　스무 살쯤 되었을 때 1년 정도 곡을 못 쓴 시기가 있었습니다. 10대에 작곡가로 데뷔했는데, 그때 만든 곡이 하마사키 아유미 씨의 노래다 보니 '내 곡은 대단하다.'는 착각에 빠져 버렸지요.

우에다 　데뷔작이 거물 아티스트의 곡이라면 누구나 그럴 것 같은데요.

마츠다 　하지만 결국 초기에 만든 한두 곡밖에 안 팔렸어요. 그리고서 곡이 안 팔리는 시기가 2년 정도 계속되다 보니 아무래도 자신감이 확 떨어지고….

우에다 　그러다가 어떻게 다시 곡을 쓸 수 있게 되었나요?

마츠다 　작곡가로서 음반 제작사와의 계약기간이 만료되는 타이밍에 영화 『착신아리』의 「죽음의 벨소리」라는 곡이 채택되었는데, 그 곡이 동기를 되찾는 계기가 되었습니다.

우에다 　죽음의 벨소리로 부활하다니 대단하네요(웃는다).

마츠다 　죽음의 착신 멜로디를 만들고 있을 무렵에는 슬퍼지는 곡이나 자살의 명곡이라고 불리는 곡들을 계속 들으며 연구했는데 당시의 제 마음 같은 곡들뿐이었습니다. 그러다가 완성된 곡이 영화의 내용과도 맞아떨어져서 채택된 거예요.

우에다 　마츠다 씨가 만든 그 멜로디는 사회 현상이 되기도 했지요. 제가 생각하는 작곡은 지금 바로 마츠다 씨가 이야기해 주신 것 같은 것입니다. 자신의 생명의 표현이랄까.

마츠다 　그 후에는 J-POP이 아닌 영화나 극음악 작곡가로 전향한 적이 있습니다. 고도의 완성도가 요구되기도 하고 그런 음악을 해 보고 싶었거든요.

우에다 　영화음악이나 극음악은 수많은 장르를 모두 망라한 것과 같은 종합적인 음악성이 요구되지요. 그러다가 다시 J-POP으로 돌아온 이유는 무엇입니까?

마츠다 　마음 어딘가에 J-POP에 대한 미련이 남아 있어서 다시 한번 많은 사람이 제 곡을 듣고 제 이름을 알아줬으면 하는 욕심이 있었습니다.

우에다 　하고 싶은 음악을 하고 있어도 미련이 남아 있었군요.

좋은 작곡가란?

우에다   마츠다 씨가 생각하는 좋은 곡이란 어떤 것입니까?

마츠다   많은 사람들에게 좋다고 인정받는 곡이 아닐까요?

우에다   마츠다 씨의 곡을 들으면 항상 듣는 사람에 대해 진지하게 생각하면서 곡을 쓰는 게 느껴지는데요, 곡 작업 시에 코러스 파트의 'Yeh!'나 'Hey!' 같은 것에도 공들인 느낌이 들고요.

마츠다   그건 데모 단계부터 염두에 두고 있습니다.

우에다   데모곡 단계에서 이미 관계자들로부터 사랑받는 이유가 바로 이거였군요! 그럼 좋은 곡과 잘 팔리는 곡이 다르다고 생각하시나요?

마츠다   다르죠. 물론 좋은 곡이 잘 팔리기도 하지만요.

우에다   예를 들어 꼭 성공해야 하는 프로젝트에 참여할 때는 곡을 만들면서 특별히 생각하는 부분이 있습니까?

마츠다   성공하거나 잘 팔리는 결과는 혼자서는 얻을 수 없습니다. 곡과 관련된 모든 관계자의 의식 개조부터 해야 한다고 생각합니다. 내용도 물론 중요하지만, 그 곡을 세상에 퍼뜨리기 위한 동기부여도 정말 중요하다고 생각합니다.

우에다   마츠다 씨에게 있어서 좋은 작곡가란 무엇입니까?

마츠다   또 어려운 질문이군요(웃는다). '내가 만약 좋은 작곡가에게 곡을 의뢰한다면?'이라고 생각하면서 여러 사람들이 원하는 것을 형태화할 수 있을 것인지 고민합니다.

우에다   여러 사람이란 어떤 사람들입니까?

마츠다   프로듀서, 스태프, 클라이언트나 스폰서의 제작 의도와 타이 업* 내용, 그리고 가수의 세계관 등입니다. 그런 의미에서는 자기만족을 위해 곡을 쓰면 안 됩니다. 완성된 곡을 혼자서 만족스러워하는 정도의 수준으로는 좋은 곡, 좋은 작곡가라고 할 수 없습니다.

---

* 타이 업   새로 출시된 곡의 홍보를 위해 광고, 영화, 애니메이션, 게임, 심지어는 스포츠 중계, 뉴스, 버라이어티 쇼 등 텔레비전 프로그램 주제가로 사용하는 것.

곡을 제작할 때 중요하게 생각하는 것

우에다 마츠다 씨에게 있어서 작곡이란 무엇입니까?

마츠다 저는 집에서 혼자 작업하기 때문에 저밖에 의지할 수 없습니다. 그래서 항상 스스로 동기부여를 하려고 노력하는데, 제 방 벽에 좌우명인 '꿈'이라는 글씨를 잘 보이는 곳에 걸어 놓았습니다.

우에다 오! 거실에 걸려 있는 그거죠? 금색 종이에 금색 물감으로 '꿈'이라고 쓰여 있는! 혹시 직접 쓰신 겁니까?

마츠다 네, 매달 초에 새로 써서 걸어 놓습니다. 저는 음악에 대해서만큼은 꿈을 계속 꾸고 있거든요.

우에다 꿈을 실현하는 수단으로 작곡이 있는 것이군요.

마츠다 꿈이라는 글자도 그렇지만 Facebook이나 Twitter 등에서도 항상 뭔가를 이야기하는데, 그것 역시 '나는 계속 말할 것이다.'라는 것을 실천하는 것이라고 생각합니다.

우에다 말한 것은 반드시 실천하시는군요. 다른 사람과 스스로에게 이야기하는 것은 중요합니다. 가끔 자기 곡을 남에게 들려주는 것이 미안하다고 곡을 만들고도 절대 안 들려주는 사람이 있거든요. 마음은 알겠지만, 지금까지의 이야기를 종합해 보면 결국 들려주지 않으면 모른다는 거죠. 일단 들려줘 보라고 하고 싶네요.

작곡 기법

우에다 마츠다 씨만의 작곡 기법이 있습니까?

마츠다 팔리는 곡을 써야겠다고 결심하면 일부러 '자신의 자연스러운 음악성'에는 포함되지 않는 새로운 방법을 시도해 봅니다. 예를 들어 A 멜로디를 10가지 패턴으로 만든 다음 그 패턴 안에 있는 파트를 여러 형태로 조합해 보면서 만들어 보기도 하고, 멜로디보다 작사가가 만든 가사의 단어를 생각하며 곡을 만들기도 합니다.

우에다 작사가나 편곡가의 손길이 더해져서 자신이 그리던 곡과 동떨어진 결과물이 되어 버리는 경우는 없습니까?

마츠다   드물지만, 있지요. 하지만 설사 그렇더라도 작사, 작곡, 편곡은 되도
           록 다른 사람이 하는 게 좋다고 생각합니다. 자신이 전부 하면 혼자
           상상한 이미지로밖에 완성되지 않거든요. 아까도 얘기했지만, 보이
           는 곳으로밖에 갈 수 없게 되는 거죠.

우에다   분업 체제로 곡을 만들면 엄청난 결과물이 탄생하는 경우가 많죠.

음악 업계의 지망생들에게

마츠다   요즘 음악 업계 지망생이 예전보다 많이 줄어든 것 같습니다. 음악
           산업의 문턱이 점점 낮아지고 있는 시점에서 '내가 바꿔놓고 말겠어!'
           정도의 각오를 가진 사람이 많이 배출되면 좋겠습니다.

우에다   요즘은 장비도 좋은 것을 싸게 살 수 있고 인터넷상에서 공짜로 자작
           곡을 언제든지 세상에 널리 알릴 수 있게 되었으니까요.

마츠다   업계의 체질 자체가 완전히 바뀌고 있기 때문에 본인이 노력하지 않
           으면 눈 깜짝할 사이에 뒤처지는 분위기이죠.

우에다   그런데도 소극적인 태도를 가진 사람이 증가하고 있습니다.

마츠다   '대문자 I'이신 분이 많으신가 봐요(웃는다). 제 곡을 듣는 사람이 긍
           정적으로 변할 수 있을지에 대해 자주 생각하는데, 앞으로도 그런
           J-POP 곡들을 계속 만들 생각입니다.

우에다   2011년에는 큰 사건이 많아서 어두운 분위기였는데, 그런 상황에서
           도 우리는 긍정적이지 않으면 안 되고 우리가 직접 상황을 바꾸지 않
           으면 안 되겠다는 생각이 들었습니다.

마츠다   그렇습니다. 음악 업계라는 것이 그냥 내버려두면 아무도 도와주지
           않고 방치되는 일도 많은 업계죠. 하지만, 그렇기 때문에 스스로 자
           기 긍정감을 얼마나 높일 수 있느냐가 굉장히 중요합니다.

우에다   그리고 음악은 누군가와 연결되어야 하는 직업이기 때문에 내가 먼
           저 긍정적으로 되면 다른 사람들도 반드시 긍정적인 영향을 받을 거
           라 생각합니다. 마지막으로 앞으로의 목표를 여쭤봐도 될까요?

마츠다   저는 진심으로 이 음악 업계를 바꾸고 싶습니다. 그리고 언젠가는 최

고가 되고 싶습니다. 최고가 정확히 어떤 것인지는 아직도 잘 모르겠지만(웃는다), 팔리는 곡을 쓰는 것도 멈추지 않겠습니다.

우에다　마츠다 씨만이 추구할 수 있는 마츠다 씨만의 인생, 그리고 독자 여러분의 음악에 대한 꿈을 응원합니다!

키 (Key)		숫자로 나타낸		
		1	2m	3m
	C	C 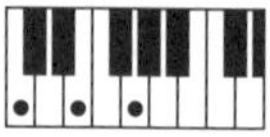	Dm 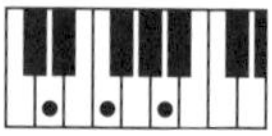	Em 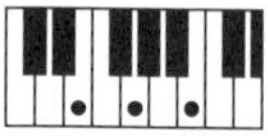
	D	D 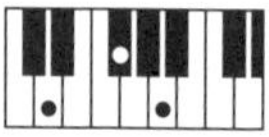	Em 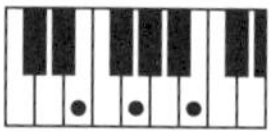	F#m 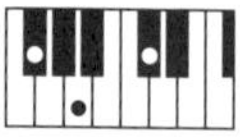
	E	E 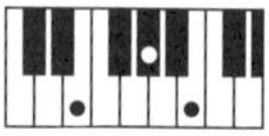	F#m 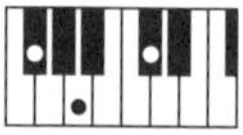	G#m 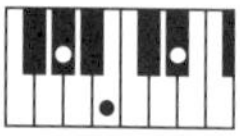
	F	F 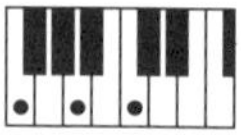	Gm 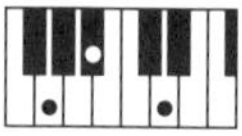	Am 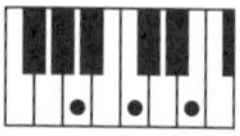
	G	G 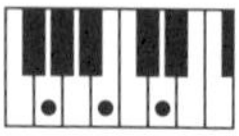	Am 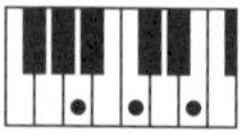	Bm 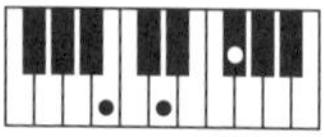
	A	A 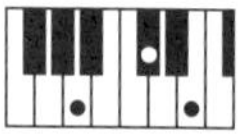	Bm 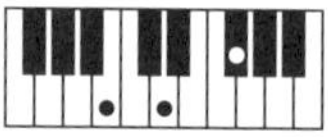	C#m 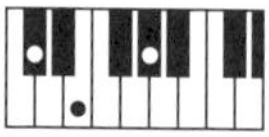
	B	B 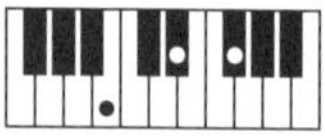	C#m 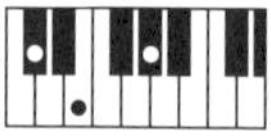	D#m 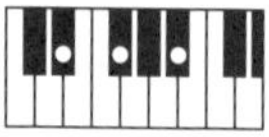

각 다이어토닉 코드			
4	**5**	**6m**	**7m^{-5}**
F 	G 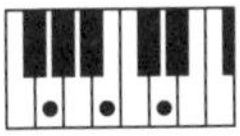	Am 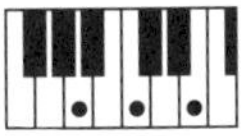	Bm^{-5} 
G 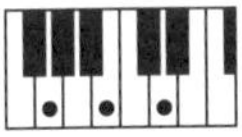	A 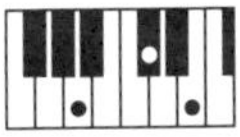	Bm 	C♯m^{-5} 
A 	B 	C♯m 	D♯m^{-5} 
B♭ 	C 	Dm 	Em^{-5} 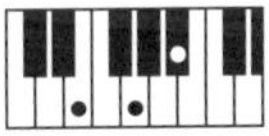
C 	D 	Em 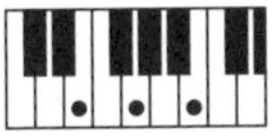	F♯m^{-5} 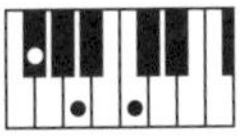
D 	E 	F♯m 	G♯m^{-5} 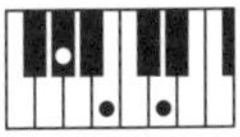
E 	F♯ 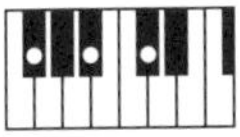	G♯m 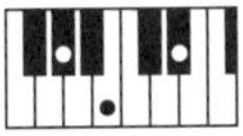	A♯m^{-5} 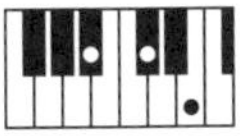

		숫자로 나타낸		
키 (Key)		**1**	**2m**	**3m**
	C	C	Dm	Em
	D	D	Em	F#m
	E	E	F#m	G#m
	F	F	Gm	Am
	G	G	Am	Bm
	A	A	Bm	C#m
	B	B	C#m	D#m

✕ … 연주하지 않는 현　●… 누르는 현　▬… 손가락 하나로 누르는 현　★… 루트(근음)

각 다이어토닉 코드

4	5	6m	7m^{-5}
F 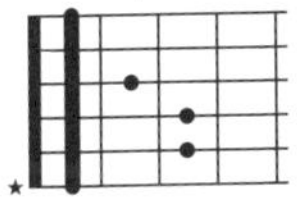	G 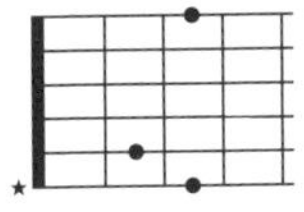	Am 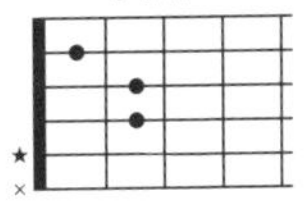	Bm^{-5} 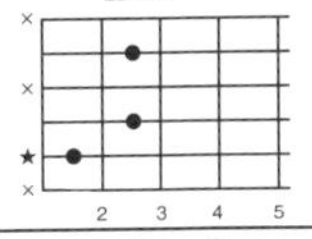
G 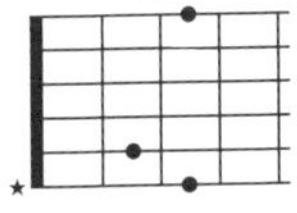	A 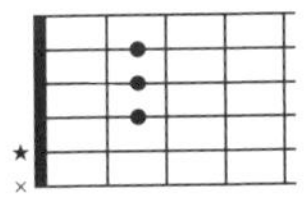	Bm 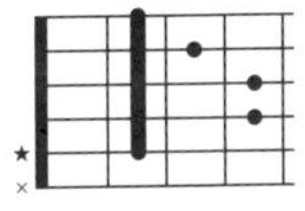	C♯m^{-5} 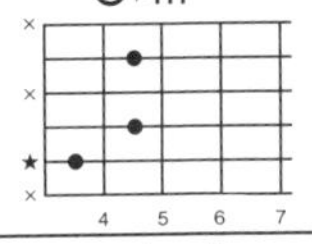
A 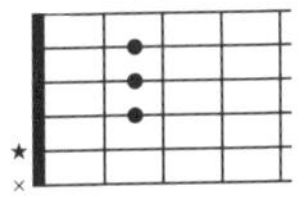	B 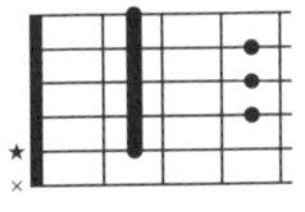	C♯m 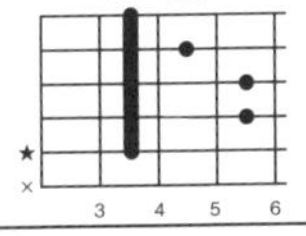	D♯m^{-5} 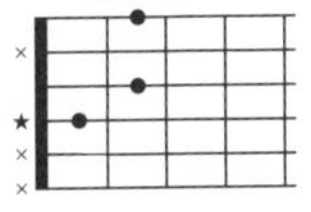
B♭ 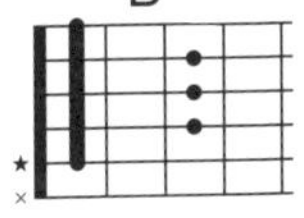	C 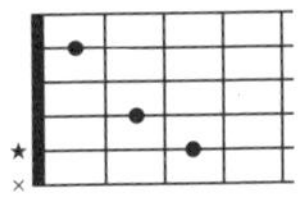	Dm 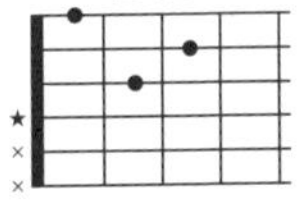	Em^{-5} 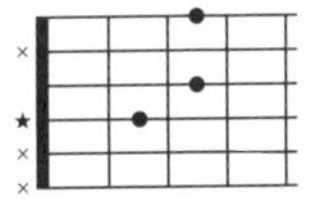
C 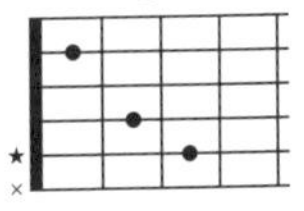	D 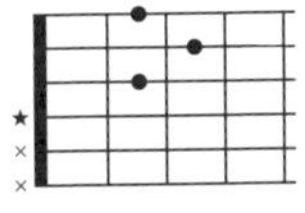	Em 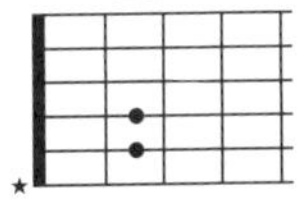	F♯m^{-5} 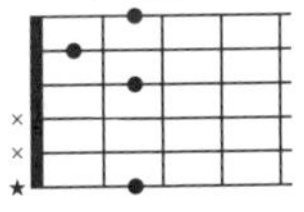
D 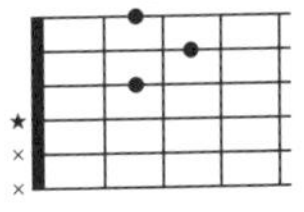	E 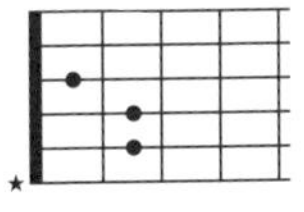	F♯m 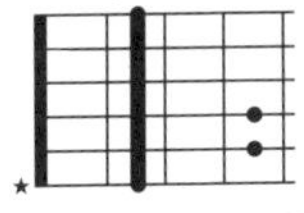	G♯m^{-5} 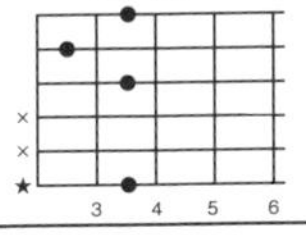
E 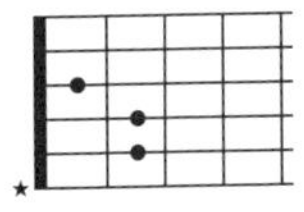	F♯ 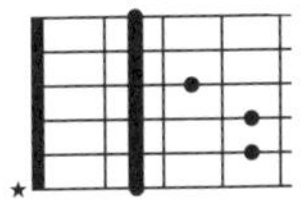	G♯m 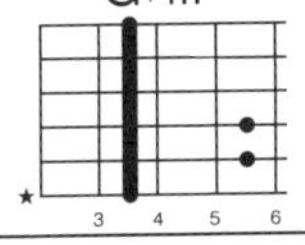	A♯m^{-5} 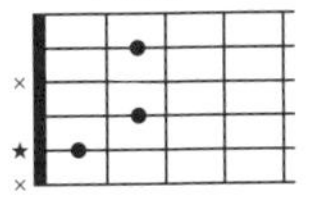

키 (Key)	숫자로 나타낸		
	1	**2m**	**3m**
C	C 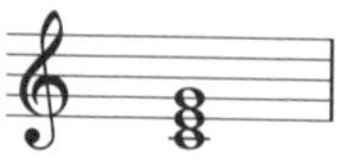	Dm 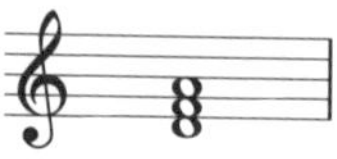	Em 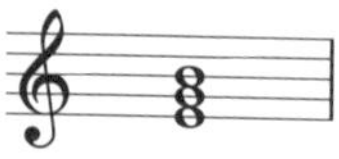
D	D 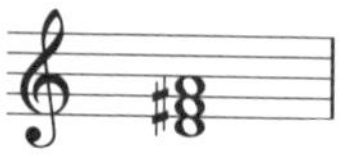	Em 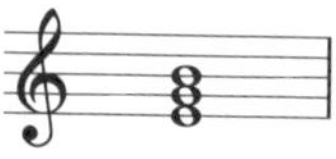	F♯m 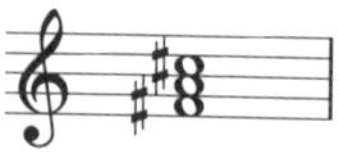
E	E 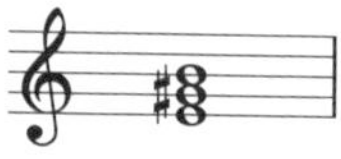	F♯m 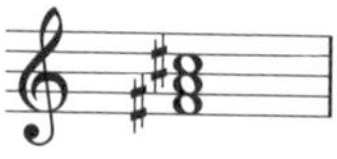	G♯m 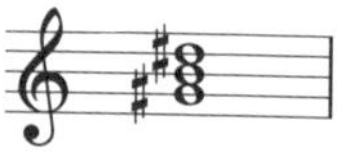
F	F 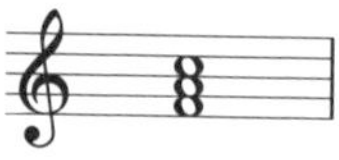	Gm 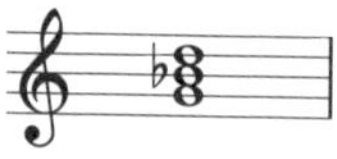	Am 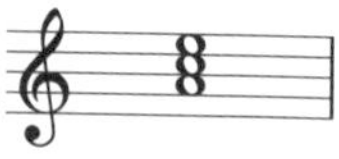
G	G 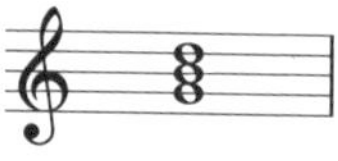	Am 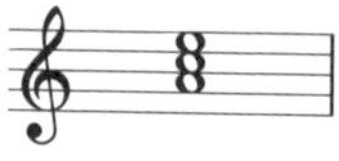	Bm 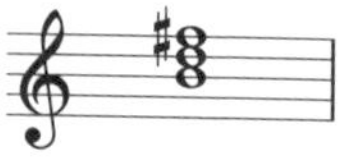
A	A 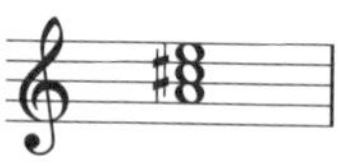	Bm 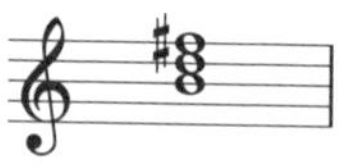	C♯m 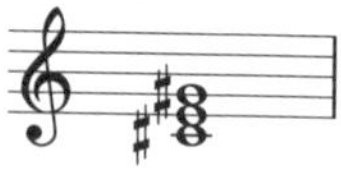
B	B 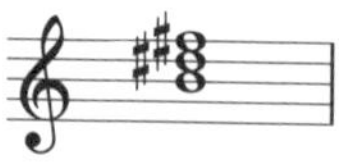	C♯m 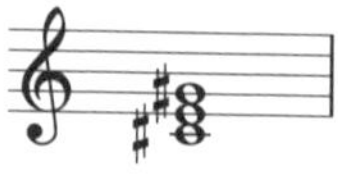	D♯m 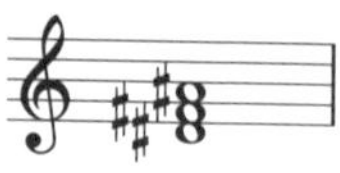

각 다이어토닉 코드			
4	**5**	**6m**	**7m^{-5}**
F 	G 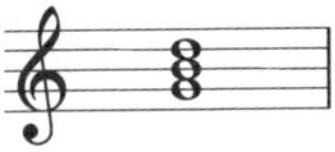	Am 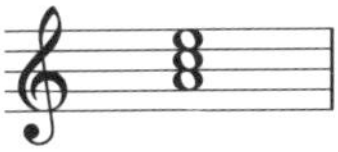	Bm^{-5} 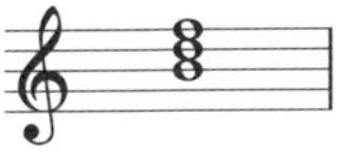
G 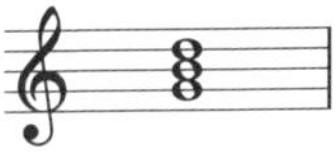	A 	Bm 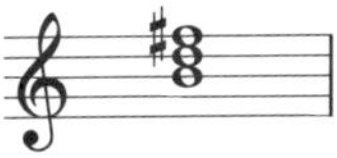	C♯m^{-5} 
A 	B 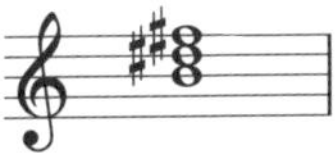	C♯m 	D♯m^{-5} 
B♭ 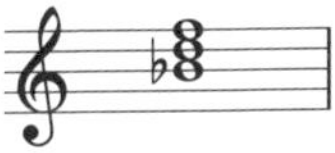	C 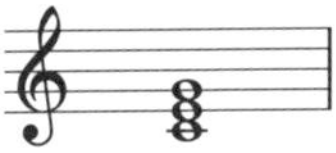	Dm 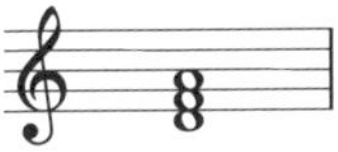	Em^{-5} 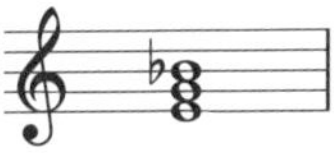
C 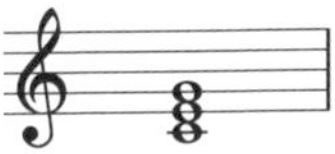	D 	Em 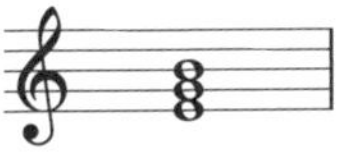	F♯m^{-5} 
D 	E 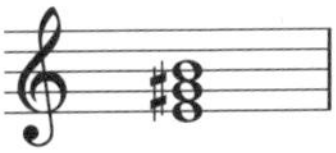	F♯m 	G♯m^{-5} 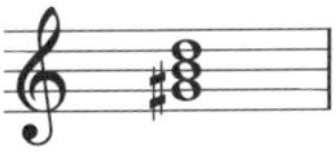
E 	F♯ 	G♯m 	A♯m^{-5} 

작곡가는 모두 사람을 배려하기 위해 곡을 쓴다.

이것이 바로 여러분과 함께 이 책을 여행하면서 깨달은 저의 결론입니다.

누군가가 마음속 깊이 공감하고 감동하는 곡에는 당연히 이 책에서 살펴본 의식과 의도, 배려, 목적 등이 담겨 있습니다. 즉 곡에 '감동하는' 사람의 마음의 움직임은 듣는 사람의 무의식을 자극하며 살며시 곁에 다가가기를 원하는 작곡자의 음악적인 '배려'의 성과입니다.

저와 함께 여러분도 지금까지 감동한 작품에 담긴 작곡가의 의도와 곡의 장점을 각자의 작품에 담아 새로운 시대와 세대에 전달합시다.

마지막으로 이 책을 마무리하며 저의 작곡가로서의 신념을 끝까지 들어 주시고 사랑해 주신 여러분께 마음 깊이 감사드립니다.

그럼, 다음에 새로운 책으로 찾아뵙겠습니다!

우에다 타츠지

작곡, 나도 도전해 볼까?

발행인 김두영
저자 우에다 타츠지
번역 임세라
전무 김정열
콘텐츠기획개발부 김가람, 박지은
디자인기획개발부 정수진, 정재희
제작 유정근
마케팅기획개발부 신찬, 송다은, 김지연
경영지원개발부 한재현, 김아영

발행일 2025년 6월 25일
발행처 삼호ETM (http://www.samhomusic.com)
　　　　우편번호 10881
　　　　경기도 파주시 문발로 175
　　　　마케팅기획개발부　　전화 1577-3588　　　　팩스 (031) 955-3599
　　　　콘텐츠기획개발부　　전화 (031) 955-3589　　팩스 (031) 955-3598
등 록 2009년 2월 12일 제 321-2009-00027호
ISBN 978-89-6721-569-9

1satsu de wakaru pocket kyoyo series - kokoro wo
ugokasu sakkyoku nyumon - © 2022 by Tatsuji Ueda
All rights reserved.
First published in Japan in 2022 by
Yamaha Music Entertainment Holdings, Inc., Tokyo
Korean translation rights arranged with
Yamaha Music Entertainment Holdings, Inc.
through Shinwon Agency Co., Seoul
Korean translation rights ©2025 by SAMHO ETM